U0088211

GOOD CHOICE 大大享受拓展視野的好選擇

GOOD CHOICE 大大享受拓展視野的好選擇

GOOD
CHOICE 大大享受拓展視野的好選擇

GOOD CHOICE 大大享受拓展視野的好選擇

The Wife Instructions

① 為確保您的權益，
　請仔細閱讀本說明書。

① 若不按照使用說明而
　發生問題，本公司一概
　不負責任。

老婆使用說明書

人生視野：62

老婆使用說明書

作　　　者　博冰

出　版　者　大拓文化事業有限公司

責　任　編　輯　林美娟

美　術　編　輯　姚恩涵

總　經　銷　永續圖書有限公司

劃　撥　帳　號　18669219

地　　　址　22103 新北市汐止區大同路三段一九十四號九樓之一

TEL　(○二)八六四七—三六六三

FAX　(○二)八六四七—三六六○

E-mail　yungjiuh@ms45.hinet.net

網　　　址　www.foreverbooks.com.tw

CVS代理　美璟文化有限公司

TEL　(○二)二七二三—九九六八

FAX　(○二)二七二三—九六六八

法　律　顧　問　方圓法律事務所　涂成樞律師

出　　　版　日◇二〇一八年三月

Printed in Taiwan, 2018 All Rights Reserved

版權所有，任何形式之翻印，均屬侵權行為

大拓
Talent Tool

永續圖書
www.foreverbooks.com.tw

國家圖書館出版品預行編目資料

老婆使用說明書 / 博冰著.

-- 二版. -- 新北市：大拓文化, 民107.03

面；　公分. -- (人生視野；62)

ISBN 978-986-411-068-1(平裝)

1.夫妻　2.女性心理學　3.兩性關係

544.143　　　　　　　　　107000929

序 愛妻俱樂部

入夜，褪去了白天的虛華和繁榮，隨著一盞盞燈光的暗去，整個城市開始逐漸進入了睡眠狀態。

然而，在這座小城的一角，有一個地方卻依舊燈火通明。

這是一棟只有三層樓的灰色建築，從外表看來，毫無特殊之處。普普通通的大門，普普通通的大廳，以及普普通通的走廊……唯一讓這裏顯得與眾不同的，是這棟大樓裏聚集的那些人們。更準確的說，是一群男人們。

他們年齡不一，有二十多歲的小夥子，也有四、五十歲的中年人。他們穿戴不一，有的西裝革履、名牌加身；也有的衣衫隨意、平淡無奇。當然，他們的身份也包含了各行各業：有商人、有教師、有政要、也有一般公司職員。

　　不過，儘管這些男人們從身份地位到年齡長相各自不同，可是他們卻有一個共同之處——愁眉苦臉且不停地抱怨。

　　A君說：「我那個老婆，每天就知道找我要錢買化妝品。而且都是價格不菲的名牌，真不知道她臉上那麼小的面積，要塗多厚的妝才夠。」

　　B君聽完，冷笑一聲：「哼哼，跟我老婆比起來，她簡直好太多了！你們不知道，我老婆每天在家什麼事情都不做，只知道抱著電視看那些肥皂劇。我每天上班那麼辛苦，晚上回家卻連一頓熱騰騰的飯菜都吃不到，你說這樣的老婆娶來有什麼用？」

　　C君很不高興恨恨地說道：「這算什麼？你們的老婆至少還在家陪著你們吧。我老婆為了工作，天天加班到深夜，每天早上又走得特別早，還經常到國外出差。雖然我們住在一起，但是有時竟然兩個月都見不上一面。不可思議吧？」

　　……

　　當人們熱衷於自己所談論的事情的時候，常常會為了讓對方聽得更清楚而逐漸放大音量。同樣，一旦有人的聲音蓋過了自己，那麼另外的討論群組自然也

會將聲音放得更大。老公們的抱怨逐漸形成了連鎖反應，大廳從最初的竊竊私語逐漸演變成熙熙攘攘，幾百人的聲音加上大廳的回音效果，讓整個建築出現絲毫不亞於華爾街證券交易所中的熱鬧情形。男人們討論著、憤慨著、甚至雙手握拳在空中揮舞，大肆宣洩著夫妻生活中的壓抑和不快。

然而，這種喧囂卻在一瞬間煙消雲散，整個大廳霎那間安靜了下來。人們停止了討論，放下了拳頭，眼睛死死的盯住了大廳上方的二樓走廊。

那裏，出現了一個人。他就是召集這些男人們來到這個愛妻俱樂部的人。一個四十出頭，輪廓硬朗、目光矍鑠的亞裔中年男子。

沒人知道他的名字，人們都叫他W博士。聽說，所謂的W，就是Wife的意思，也就是說，這個W博士很懂女人，尤其是已經成家的女人。他幫助了數以千計的男人瞭解了自己的伴侶，讓他們重新找到了與老婆和平相處，相敬相愛的生活。所以，他的俱樂部開到哪裡，哪裡就會有成百上千苦於「老婆危機」的男人們來到這裏，尋求W博士的幫助。

今天晚上，這些男士們聚集在這棟大樓裏的目的，

自然也是如此。

「先生們，」W博士輕輕的說，雖然聲音不大，可是穿透力卻極強，足以讓在場的所有人聽得清清楚楚，「我知道你們的想法。而我也會盡全力去幫助你們實現自己的願望。不過，在此之前，請到我們員工哪裡去取一份資料。」

不知什麼時候，一群穿著紅色外套的員工從轉角的房間裏走了出來，他們將懷裏抱著的一疊資料一份份地分發到所有人的手上。

男士們拿過資料，看到它的封面上，赫然寫著這樣幾個大字——**老婆使用說明書**。

老婆使用說明書？這是什麼東西？

人群中產生了一陣騷動。

「各位先生，」W博士繼續用自己清淡卻充滿自信的聲音說道，「這本資料，紀錄了我們對女人的所有理解，裏面囊括了如何分析老婆們的性格、掌握她們語言背後的含義、瞭解與她們相處的技巧、培養和加深夫妻感情等內容。相信會對你們有很大的幫助。」

「我們看了這本說明書，就能處理好麻煩的夫妻關係嗎？」有人依舊對此保持懷疑態度，「一本小小

的說明書，就能讓我那個兇神惡煞的老婆變得體貼溫柔？」

W博士笑了笑，說道：「理論上的確如此。」說完，他又補充了一句，「不過，這本說明書在技巧和方法之外，還能帶給你們更多的東西。我想，既然你們已經結婚，那麼自然是相互愛著對方的。只是，這種愛卻被一些生活瑣碎的事給消磨掉了。我更希望各位男士們能透過這本說明書中的解釋和指導，去更好的理解、愛護你的妻子和家庭。若能如此，還愁老婆不體諒溫柔嗎？」

「我想說的話就這麼多了。」W博士最後說道，「有任何的問題，都可以說出來。只要提出問題，這本說明書就能給你滿意的回答。這大概也是它最神奇的地方了。還等什麼？先生們，把握時間向它提出問題吧！」

育兒篇

孩子就是「第三者」？

總 結

老婆是拿來疼的

The Wife

Instructions

瞭解你的老婆

基　礎　篇

拿到說明書，男人們迫不及待地將其翻開。

在書的扉頁上，他們發現了這樣一段話：

瞭解你的老婆──本篇為基礎篇，目的是讓各位用戶

瞭解「老婆」的基本特點和注意事項。

要知道，老婆可不簡簡單單只是血液和脂肪類碳水化合物

的結合，她們更是一個脾氣時好時壞，

讓人捉摸不定的動物。

不過，無論再怎麼捉摸不定，她們的行為還是有規律可循的。瞭解

她們的基本特點和想法，

你就完成了對老婆初步的駕馭工作。

01 女爲悅己者容

看完了扉頁上的話，老公們欣喜萬分。

正如扉頁所說，他們完全無法理解老婆們陰晴不定的面孔，受不了她們每天的叨念。他們甚至不知道，自己的好老婆爲什麼前一秒還陽光燦爛，後一秒卻雷雨交加。而這一切的根源，自然都像說明書中所講的那樣——源於他們太不瞭解自己的老婆。

可是，當他們翻過了扉頁，所有的人卻都愣住了——書裏空空如也，都是白紙。

「這……」

還沒等大家回過神來，樓上的Ｗ博士卻先笑道：「不用擔心，我剛才不是說了麼，這本書的特點就是你們要提出問題，它才會回答。我建議你們一個個的來，從最靠近我的那位先生開始，提出一個讓自己最

困惑的問題。然後，我們再來看說明書的回答怎樣？」說完，他指著前面第一排穿著考究西裝打著領帶的一名男子，示意他向說明書提出問題。

「呃，」那名男子有些遲疑，不過還是抱著試一試的態度說出了自己的困惑：「我跟老婆結婚大概5年了，她是個簡樸的女人，雖然家境還不錯，不過她買東西一直精打細算，也從沒亂花什麼錢。」

那男子聳了聳自己帶著的金絲邊眼鏡，接著說道：「不過最近一段時間，我卻發現她竟然給自己買了些化妝品，要知道，她從來都不化妝的。雖然我對化妝品不瞭解，可是聽同事說，哪些品牌的化妝品動輒都要上萬元。更令我感到不安的是，老婆她也從來沒在我面前使用過這些化妝品。這令我很不安，自己的老婆究竟怎麼了？」

說完這話，人群中出現了小小的一番騷動。看起來，有這種焦慮的似乎不僅僅只有他一人。

然而幾秒鐘後，騷動卻突然停止了，因為大家都被手中說明書的小小震動吸引了過去。人們小心翼翼地翻開書，發現原本空白的內文第一頁赫然出現了文字：

症　狀

　　老婆愛上打扮，卻從不裝扮給自己看。於是老公懷疑對方另結新歡。

症狀分析

　　女人天生是愛美的。

　　結婚之前的女人就喜歡把自己打扮得漂漂亮亮，結婚之後，女人們卻往往忘記了打扮。不是她們不再愛美，而是因為她們一來被家庭瑣事糾纏變得懶於打扮，二來即便打扮，老公們也會有意無意地忽略。

　　正所謂女為悅己者容，女人打扮自己是為了給男人看。可是打扮畢竟是一件費時費力的事情，既然已經結婚了，也就意味著老公完全接納了自己，再加上男人結婚之後往往不再注意老婆是否化妝之類的細節，於是老婆們便以為，自己再沒什麼必要刻意去打扮了。

　　問題是女人不打扮，並不意味著她們就不希望自己依舊美麗。在女人們的內心，依舊希望有人認可、欣賞她們的美麗。如果這份欣賞，不是來自於一同生

活的丈夫，而是來自於同事、朋友之類的外人，那麼老婆們同樣會花一些自己的時間，拿起化妝品把自己最美的一面展現給外人看。

 解決方法

　　老公們不妨想想，自己有多久沒有說過「老婆，你好漂亮」之類的話了？這恐怕是你在結婚以前常常會掛在嘴邊的甜言蜜語之一。可是為什麼結婚以後，你卻很少再提及了呢？

　　也正因為老公們的不再提及，給老婆施加了這樣錯誤的暗示：我不再欣賞你了，妳是個黃臉婆之類的……。於是，老婆們自然也懶得打扮，或者乾脆打扮給欣賞自己的人看會更讓心情愉快。

　　如果你想改變這種情況，最簡單的方法就是讓自己成為那個「欣賞者」，並且保證自己能夠做到這樣幾點：

　　★在老婆洗漱穿戴完畢，照鏡子的時候，從後面摟住她，輕輕在其耳邊說一句：「老婆，你今天好美。」如果能讓氣流緩緩流經對方耳垂，效果更佳。

　　★經常給老婆暗示，如果她能化一點淡妝，看起來會更加迷人。

★不要心疼你的荷包，帶老婆出去買些好一點的化妝品。並趁其高興的時候，告訴她只准化妝給自己看。

　　★如果老婆很漂亮的外出，也不用吃醋，要知道，她漂漂亮亮的出去，是在給老公爭面子。

02　老婆爲何也好色

「我有問題！」

當大家對第一個問題的解釋感到滿意的時候，角落裏，一個男人的聲音傳了出來。

人們都把頭向聲音出現的方向扭去，發現聲音的主人是一個30來歲，穿著藍色T恤和廉價沙灘褲的男人。

那男人看起來感覺精神並不好，淩亂的頭髮、若隱若現的鬍渣、惺忪的睡眼下還有一圈深深的眼袋，看起來就像一個普普通通的流浪漢。

「埃文・勞克？」有人認出了他。這個名字雖然並不響亮，不過在IT界，尤其是程式設計師中還是有一定影響力的。他是一家大型程式設計公司的總監，他領銜開發出的產品，被廣泛用於交通、銀行以及電話通訊領域。雖然家境富裕，不過性格隨意的他卻從

不在意自己的裝扮，也正因此，才會給人流浪漢的錯覺。不過，外表的邋裏邋遢卻絲毫掩蓋不了他的才華氣息。

「你有什麼煩惱，不妨說來聽聽。」 W博士笑著對埃文說。

「我一直在想，女人到底是愛男人的才華還是愛男人的外表？」埃文鬱悶地說道，「我跟老婆是在公司認識的，我負責技術，她負責後勤。當我們談戀愛的時候，她就跟我說，之所以愛上我，是因為看中了我的才華。在她眼裏，就連我的鬍渣都是如此性感。」

「可是結婚以後，我發現老婆變了。」埃文沉默了一會，接著說道，「她開始埋怨我不打理自己，要求我每天都要洗頭、刮鬍子。我從結婚前到現在，從來沒有改變過什麼。為什麼當初她喜歡的東西現在變得一無是處。再說，每天都要打理，得浪費我多少時間啊！」

W博士點了點頭，問道：「你對老婆還有別的不滿嗎？」

「有！」埃文說，「她現在超愛看帥哥。有時跟我走在路上，看到有帥哥出現都要停下來看上幾眼。

 老婆①②④
使用說明書

那神態，跟一頭望著兔子的惡狼沒什麼兩樣。還有，她超愛看電視劇，而且題材不限，只要有帥哥出現，就能看到目不轉睛。天知道這個女人在想些什麼！」

說完後，一陣輕微的震動提示大家，答案已經出來，於是埃文迫不及待地翻開說明書尋找令自己百思不得其解的答案。

 ### 症　狀

老婆不僅要求老公每天打扮，而且超愛看帥哥，無論現實中的還是電視劇裏的。嚴重者呈花癡症狀，會在大庭廣眾之下對男人的外貌品頭論足，甚至和「癡友」毫不掩飾地探討男色問題。

症狀分析

就像男人看到美女，總會忍不住多留看幾眼一樣，女人對帥哥的免疫力，通常也是很弱的。

好色不僅僅是男人的天性，有時女人色起來，其猛烈的程度更甚於男人。只是過去的女性出於傳統教育，把這種天性給埋藏了起來。如今在無比開放的時代下，女人們好色的情緒便開始復甦。

不過別擔心，女人的好色跟男人有些許不同。她們在好色的問題上相對理智，她們喜歡帥哥純粹為了賞心悅目，或者滿足自己的花癡慾望。並不會傻到把自己的感情從老公身上移到對方那裏。也正因如此，她們才會要求自己的老公多多打扮。畢竟每天看著帥氣的老公，才是宣洩女色慾望的最佳方法。

　　喜歡男色，是女人本性。結婚前，能夠吸引女人的事情太多了，例如男人的才華、浪漫、幽默、體貼……這些元素分散了她們的注意力，讓她們覺得，自己喜歡的只是他的人，而不是外在。

　　結婚後，一切都不一樣了。無論男人多有才華、多麼浪漫、多麼幽默體貼，這些都將被老婆習慣。於是，她們注意力重新集中，直接注視在最容易被看到的外表之上。所以，她們開始要求老公以最帥氣的一面面對自己。

解決方法

　　只要老婆不會傻到移情別戀，對於老公們來說，大可以放心地讓老婆花癡一下。女人畢竟是感性動物，如果對於她們的「好色」表示出強烈的反對、抗議，

很可能會激發起反叛心理，讓她們花得更厲害，甚至會覺得老公不理解自己。這時，若恰有一位符合其審美觀的帥哥出現，那麻煩可就大了。

面對另一半的「好色」，老公們完全可以以柔克剛，再次將老婆征服於自己的臂彎之中：

★陪著老婆一起色——老婆喜歡看帥哥連續劇，你不妨也抽空陪一陪。大不了她們看帥哥，咱們看美女。畢竟能夠配上帥哥的女主角也都很漂亮。重要的是，有你陪著會讓老婆覺得你並沒有孤立她，你們是一體，反而會增強老婆對你的依賴。

★按照老婆的要求多打扮——老婆希望你帥氣一些並不是壞事。你樣貌出眾，不僅能討得老婆歡心，也能引得周圍人的注意。這也算是小小地滿足了老婆們的虛榮心。當然，身為男性，不必過分裝扮自己，只需要保持頭髮、面部的整潔、穿著的乾淨得體，足以展現出男人的外在魅力。

★適當改變形象——新鮮感是保持熱情的良方。你是否發現老婆在迷帥哥的時候，也喜歡觀察你和前者的相似之處？比如覺得你把髮型改變後就會更像之類。老婆總是希望老公就是心目中的那位帥哥，所以

當她這樣說的時候，就是在暗示你，是不是需要小小
地改變一下形象了？適當地根據老婆的建議做出小小
地改變，說不定真的會發現另一個帥帥的自己哦！

03 女人天生愛浪漫

「唉！好麻煩！」埃文摸了摸自己的鬍子，看了看身上這件皺巴巴的衣服說道，「只是，每天都得浪費時間在打理上了。」看樣子，他似乎是準備按照說明書裏的建議嘗試一下了。

「老兄，你這點時間還叫浪費？」埃文身邊，一個高個子男生聽到了他的嘟囔，苦笑道，「你老婆只是叫你勤打理一下而已，能花得了多少時間？我老婆比起來就太誇張了，她是個天生的浪漫狂，不僅每年生日、情人節和結婚紀念日裏要求我用不同的浪漫方式慶祝，就連我們認識紀念日、第一次約會紀念日、第一次接吻紀念日都要我牢牢記住，而且必須讓我在生活中製造足夠的浪漫。你想想，這得花掉我多少時間和精力？」

大夥注視著這個高高瘦瘦的小夥子，看得出來，他不是那種浪漫的人。事實上，大部分男人都缺乏浪漫細胞。而這種元素恰恰就成為了女人身上不可或缺的要素。男士們一邊同情這位年輕人，一邊暗自慶幸自己的老婆還沒浪漫到如此地步。

　　W博士聽了他的抱怨，有了興趣，問道：「你平時都是怎樣製造浪漫的？」

　　「這可傷腦筋了，一開始就是送送鮮花、蛋糕什麼的。後來為了讓她開心，我甚至去拜託了對面大樓裏的所有住戶在某一個時間裏準時開關燈拼成了一個I LOVE U的形狀告訴她我愛她。再後來，我還包下了一個小餐廳，請了樂隊為她慶祝生日……」

　　「這樣算下來，開銷可不小吧？」W博士說道。

　　「可不是嘛。光那次包餐廳慶祝生日就花了我好幾千美金。這可是我好幾個月的薪水了。每年的紀念日不計其數，每次都要製造浪漫，花費頗多，壓力巨大啊！為什麼女人如此愛浪漫？這樣下去我可受不了！請告訴我我該怎麼辦？」年輕人對著說明書大聲嚷道。

　　細小的顫抖後，說明書的第三頁出現了關於老婆浪漫問題的說明。

 症　　狀

　　熱衷於充滿浪漫的生活。輕者要求另一半常給自己製造一些小小的驚喜。重者甚至會可以模仿自己喜愛的小說、電視、電影裏的情節生活，並要求老公配合自己。

症狀分析

　　沒有人能確切地說明什麼是浪漫，可是女人們就偏偏對這種朦朧的感覺熱衷有加。這怨不得她們，而是童話故事和玩具娃娃造的孽。

　　正如小男孩們酷愛武器玩具和戰爭英雄故事一般，小女孩們的幻想就是成為公主。成年後，這種幻想逐漸從生活轉向了感情：既然沒辦法得到公主般的物質條件，至少在愛情上，必須有被寵愛的感覺。這就讓她們對自己老公的諸多要求當中增加了一項：要給自己製造浪漫，讓自己的愛情驚喜不斷，就像公主一般。

　　無論是婚前還是婚後，感性的女人們誰不希望自己能時刻被包圍在幸福和浪漫之中？唯一的差別，就是要求得多少不同而已。畢竟東方女人相較西方女人

更加含蓄，她們很少把自己對於浪漫的渴望完全表露在外。但這並不代表她們不喜歡浪漫。相反，她們不說，更多的是希望老公主動給自己創造浪漫。所以無論老婆多麼勤儉持家，都不會拒絕老公送來的鮮花，喜歡另一半的甜言蜜語。

像這種要求老公記住所有紀念日，並不斷創造浪漫的老婆，無非是內心渴望的真實反映而已。

解決方法

女人愛浪漫是固有的本性，無法改變。這也是讓很多老公們最頭疼的問題。自己不但要絞盡腦汁策劃浪漫，又要耗費金錢佈置浪漫。經常如此，壓力當然巨大。

其實，這樣去做的人，並沒有理解老婆真正需要怎樣的浪漫。他們選擇浪漫事件的方法就是模仿電視、小說裏的俗套橋段。殊不知那種方法，完全是在取悅觀眾獲取視覺上的效果罷了，並沒有現實參考意義。真正浪漫的真諦，就是在生活中，你能時不時地給老婆製造一些小驚喜罷了。比如下面幾點，都可以幫你製造浪漫事件：

★如果你很少做飯,不妨抽個不太忙碌的事件,提前下班,趁老婆回來之前給她做一頓愛心晚餐。如果搭配蠟燭、紅酒和輕柔曖昧的燈光、音樂,效果會更加倍。

浪漫指數★★★★

★如果你們夫妻經常在家自己做飯,你就可以利用週末請老婆去氣氛不錯的情侶餐廳或當年戀愛時期最常去的餐廳吃飯,同時再給她寫一封熱情的情書,這也不失為一種經典的浪漫手段。

浪漫指數★★★☆

★下班回家,買上一束她喜歡的花。不用太貴,漂亮就好。不必非要等紀念日才送,越出其不意,浪漫效果越好。更不用一買就是999,那是花店騙人的把戲。如果999才能天長地久,恐怕99%的人早就離婚了。

浪漫指數★★★☆

★年休假不要呆在家中,跟老婆一起開車出去玩,或者乾脆買兩張機票帶她去最想去的地方旅行。當然,這需要秘密籌畫,給她一個驚喜。而且前提是老婆也是個喜歡遊玩的人。如果她對外出旅行沒興趣,那就找來一堆她愛看的電影,從早到晚陪她一起看。兩人

窩在沙發上看一整天的電影，對於不少女人來說，也是一種浪漫。

浪漫指數★★★☆

★每年過生日或結婚紀念日的時候，不要買太貴的禮物，而是選擇一種每年都送。比如，每個紀念日都送老婆一個風鈴，幾年以後，把十幾二十個風鈴拿出來掛在家中，這種頗具規模的效果一定會讓老婆超感動一把的。

浪漫指數★★☆

★蠟燭、煙火都是製造浪漫的秘密武器。但前者的成本顯然低於後者。花小錢辦大事的浪漫方法有很多，多在網上找找，聽聽別人的意見，結合自己老婆的性格收集最合適的浪漫方法定然能起到讓老婆滿意，讓自己輕鬆的效果。不過最重要的是，不斷製造小的驚喜，讓老婆始終感覺到你的在意和關心，浪漫與否，都是次要的了。

★看看下面的建議，它會帶給你更多的浪漫啟示：

1.在老婆喜歡看的書裏夾張小紙條，鑲在上面寫上「我愛你！」

2.下小雨的日子，打著傘和她一起去公園裏散步。

3.晚上睡覺前，給她做一個曖昧的全身按摩。

4.悄悄買兩張電影票，帶她去看電影。想想你們結婚後都有多長時間沒去過那裏了？

5.利用老婆上班，你在家休息的時間，親自作一份不一樣的食物，例如壽司、水果蛋糕，給她驚喜。

6.週末，和老婆提桶水一起去把愛車洗乾淨。

7.送她一件新潮的性感內衣。

8.把你們平日拍的照片、DV做成一片配樂合輯送給她。

9.開車帶她去郊外兜風，並且適當地在沒有人的地方「動手動腳」。

10.海邊看海浪、山上看星星、溪邊聽溪流，完全走大自然路線。

浪漫絕不是一定要花大錢才能表現出來，對另一半特別關愛且跳脫平常規律的生活習慣時，這也許就是一種浪漫。

04 爲什麼老婆總喜歡管我？

・・・・・・・・・・・・・・・・・・

　「原來是我的觀點出了問題。」高個子年輕人恍然大悟，原來浪漫並不一定非要像電視演得那樣用錢財堆砌，生活中的任何小事，都可以製造浪漫的感覺。這下，自己的疑惑解除了，他決定回家以後就花上一點時間，整理一個「浪漫計畫」，把今年剩下紀念日裡要做的浪漫事件都預先安排好。這樣就不用到時候絞盡腦汁浪費時間了。

　「我……我要提個問題！」

　見前面幾個人都得到了讓自己滿意的解決方法，離W博士不遠的一個看起來不過25、6歲的男人猶豫了很久，也決定提出自己的問題。

　「請儘管說出來，你對於自己的老婆，有什麼困惑？」W博士見他有些拘束，笑著鼓勵道。

「我……我覺得我老婆太喜歡管著我了。彷彿……彷彿我不是他老公，而是他兒子一樣……」說完這話，男人的神情有些尷尬。他已經做好了周圍人哄堂大笑的準備，然而幾秒鐘後，預料中的笑聲不僅沒有響起，反而多出了幾縷歎息。

「看來並不只有我才有這個問題啊！」男人受到了鼓舞，接著說道，「不知道現在社會怎麼了，女人一個比一個凶。當初戀愛的時候是個文靜傳統的一個女孩，結婚後竟然變化特別大。就像……就像野蠻女友裏的全智賢。不僅把我的薪水加班費都管在了自己手裏，還不許我抽菸、不許我玩線上遊戲。甚至到附近辦事情的時候還不許我開車，更連我每天穿什麼衣服都要管。一點自由都沒有！」

「還有呢？」W博士繼續問道。

「還有就是我日前剛剛從公司離職，準備和朋友一起合資做物流。這行業很賺錢的，等公司做起來了，我就可以不用像現在這樣靠著一點微薄的薪水度日。到時候也能給全家帶來更好的生活條件。」

男人，準確地說應該是大男孩頓了一下，恨恨地說：「可是我老婆竟然打死也不同意我的投資計畫，

說什麼風險太大，讓我再找份類似的工作，就靠著穩定的薪水過日子就可以了。沒有風險，又怎麼收益呢？我可不想就這樣過一輩子。可是無論我怎麼勸說，老婆都不同意，甚至還把我的銀行提款卡藏起來。你說小事管管也就罷了，我的事業她也管，這不是白白要斷送掉我的前途嗎？」

抱怨完自己的老婆，他對著手中的說明書大聲問道：「請你告訴我，我該怎麼辦？」

兩秒鐘後，男人們翻到了說明書的第四頁。

症　狀

老婆時刻都想管理自己的老公，從他們的食衣住行育樂到收入支出，通通都要納入自己的管轄範圍。

症狀分析

在女人們當中流傳著這句話：好男人是管出來的。

在她們看來，男人雖然客觀理智，卻有著不切實際的一面。女人雖然感性，卻也有自己擅長的領域。男人們不注意財務控制，肆意開銷。對待事業相對開放，憑熱情做事，無法完善地評估一項投資是否可行，

尤其是還沒有完全成熟的大男孩更是如此。而多數精明的女人在這些方面有著天生的敏銳感。再加上女人心裡潛在的母性本能，讓她們常常不自覺地把「男孩丈夫」當作孩子一般去管理。

從過去的男權社會到如今女性開始越發獨立和強勢，老婆們在家中的地位與日俱增也讓這種「妻管嚴」的情形越來越多。

這對於老公們而言，並不能說是一件壞事。經過調查和統計發現，妻子強勢的家庭裏，丈夫做事普遍更加成熟穩重。而且更加大器，不會為小事爭執不休，夫妻生活比較和諧。這是因為女人在小事上的細緻理性彌補了男性開放的劣勢，讓夫妻在處理事務上達成合諧統一。

然而，任何事情都沒有絕對的好，老婆太強勢的家庭裏，男人的地位發生了微妙變化。他們開始缺乏主見，唯唯諾諾。這顯然對老公來說是極端不利的性格培養。這種性格的男人，絕對無法在事業上有很大的突破。如果家中有小孩，也會給他們的人格培養造成扭曲。

 解決方法

身為男人,聽從老婆的安排是尊重、合乎對方的期待是表現。如果老婆管理的程度一般,大可不必斤斤計較。不過若老婆什麼事都要操心,而且無論誰有理,都逼迫老公承認她自己的觀點,這就有些病態心理在作祟了。可以嘗試下面的方法對二人關係進行修復:

★對於自己能夠接受的管理,儘量不要爭執。例如老婆要求你每天上班換新衣服、下班回家做家事……這些事情對於家庭生活和夫妻感情並無不利,聽聽無妨,沒必要為了這種雞毛蒜皮小事產生爭執。再說,家庭大事有人操心也不失為一種輕鬆。至少你可以毫無顧慮的思考自己需要思考的事情,不用為柴米油鹽的瑣事煩惱。

★如果老婆要求的事情你不願意做,可以跟她溝通,告訴她自己的真實想法,盡力為自己爭取權益。例如要求你上繳的薪資,你可以羅列出自己的社交和日常開銷,要求相應的零用補貼。相信為了老公的面子,老婆是會仔細考慮你的提議的。

★要是老婆對你管得特別嚴格，就像堅決不允許你做出大額投資或購買股票基金等行為的時候，你也不用著急，平心靜氣地跟她探討，引導她說出自己的真正顧慮。通常而言，老婆並不是不想讓老公賺大錢，而是希望他不要好高騖遠，腳踏實地走好每一步。要知道，大多數女人都相信「十次投資，只有一次獲利」的理論。如果你能給出自己的詳細創業構想以及問題的解決方案，讓她看到自己並非靠著一股熱血做事，老婆當然沒有理由阻止你的行動。

★老婆之所以嚴格管教老公，主要是出於對老公的不信任。例如不信任他能管理好自己的財務、不信任他能做好事業規劃……如果無論你怎樣說，老婆就是一意孤行，無法和自己達成一致。你可以嘗試借助家人的力量，尤其是說服自己的岳父岳母去和女兒談談，讓老婆感覺到家人對你的信任，進而放鬆心理上的警惕。與此同時，你儘量做出讓自己善用資金、踏實的工作態度讓她可以感到安心的狀態，相信老婆就沒有理由再嚴格管教你了。

★還有一種極端的方法，就是先斬後奏。用事實告訴老婆，她的管教是多餘的。然而這是一把雙刃劍。

如果事情按照你計劃的那樣進展，老婆自然無話可說。
一旦情況並非如你所想，而是變得更糟，那你還有何
顏面面對自己的老婆？你肯定會被唸到臭頭。所以請
謹慎選擇。還是多和老婆溝通，消除她對你的不放心，
這才是讓自己「重獲自由」的最佳方法。

05 喜歡男人有陽剛氣

　　仔細地看著說明書，大男孩似乎有所領悟了。他覺得自己關於投資的決定似乎確實有些草率，畢竟自己對於物流業並不瞭解，老婆的做法雖然「霸道」，卻是爲了避免自己被騙而爲。他想到這裏，決定再好好考慮一下自己的事業方向，並且拿出一番計劃同老婆商量。相信這樣溝通，她就不會再對自己「嚴加管教」了。

　　興奮之餘，他舉起手中的說明書小小地揚了一下，卻不小心碰到了身邊的一位男士。

　　「抱……」大男孩的道歉還沒說出口，被碰到的男子就用一種十分尖銳的嗓音抱怨道：「小心一點嘛，碰得人家好痛。」

　　不過就是被書碰到了，又沒流血，甚至連個痕跡

都沒留下，有什麼大不了的？可是那個被碰到的男人，無論腔調還是語氣，都有種大驚小怪的感覺，就像一個小女生一般，讓周圍的人感覺特別不舒服。

他的行為引起了W博士的注意，於是他笑呵呵地問道：「這位朋友，你對於自己的老婆，有著怎樣的困惑呢？不妨說出來我們分享一下。」

那位被碰到的男人表情羞澀地沉默了一會，終於紅著臉說出了自己對於老婆的不解：「我姓黃，是個公務員，我跟老婆已經結婚5年了，開始過得一直都很好，什麼事情都沒有，不過最近一段時間，不知是不是看了太多的英雄片，她開始嫌棄我了，總覺得我缺乏男人的陽剛之氣。這讓我很苦惱。」

說到這裏，黃先生周圍的幾個男士相視一往，會心地笑了笑。其中也包括了剛才不小心碰到黃先生的那位大男孩。

他們的舉動被黃先生看在了眼裏，他嗔怒道：「討厭！你們不要笑我啦！」說這話的時候，一舉一動一顰一笑確實和嬌柔的女生差不了多少。

見旁人還是用一種怪怪的眼神看自己，黃先生捲起了袖子，亮出了結實的臂部肌肉，彷彿要向周圍的

人證明，自己和他們都有陽剛之氣一般。

　　W博士微笑著問道：「你的肌肉，是最近才開始練的吧？」

　　「嗯，也練了好幾個月了。自從老婆說我沒有陽剛之氣以後，我就報名參加了健身俱樂部，希望能夠把自己的肌肉鍛鍊出來。現在小有成就了，可是當我亮給老婆看的時候，她還是繼續嘲笑我。所以我想從這本說明書裏找到答案，究竟在女人眼裏，怎樣的男人才叫陽剛男人？」

　　「很好，我也衷心地希望你能找到自己想要的答案。」W博士笑著示意黃先生翻開新的一頁尋找答案。

 症　狀

　　嫌自己的老公太過陰柔，缺乏男子漢的陽剛之氣，總會將猛男或軍人的角色與之比較。

 症狀分析

　　不知什麼時候，一股中性風悄然而起。女性理了短頭髮，放棄了裙子，長褲、牛仔褲的打扮，從背後看起來就像個男生一樣。而男性則留起長髮，穿著花

俏，走路搖曳生姿，說話吐氣若蘭。崇尚個性沒有錯，但最終的結果，對女性來說或許沒有什麼，最多被人稱之為豪爽。可對男人來說，傷害可就致命了。中性的打扮、讓原本屬於男性的陽剛喪失殆盡。

什麼是陽剛，從人類進化史上看，陽剛和野蠻是一致的。只不過在進入了文明社會以後，二者才被截然分開。但無論如何，它們的共同點就是強大、驃悍，能讓被保護者產生巨大的安全感。因為雄性動物的自然使命就是保護雌性，讓物種得以繁衍生息。

但是，文明時代的陽剛概念，並不僅局限於身體的強壯，一個渾身肌肉的男人，同樣可以被人斥為「娘娘腔」，因為真正的陽剛在於他的精神。一個精神被閹割掉的人，就算擁有阿諾史瓦辛格的體魄，依舊絲毫不會帶給別人陽剛的感覺。

真正的陽剛，應該是男人的氣魄、正直和勇敢——不拘泥小節，胸懷寬曠的氣魄，不沉浮於世、堅守做人信念的正直，敢於向不公正、不合理的事情宣戰的勇氣。這種精神，才是男人的陽剛和血性，才是值得讓女人驕傲，能夠放心的男人。

可縱觀現代社會，油頭粉面、矯揉造作、自私自

利的男人越來越多，也無怪那些老婆們埋怨自己老公缺乏男子漢的陽剛之氣了。畢竟老婆們內心所求的，不是俯首聽話的怪怪老公，而是一個能讓自己託付終身，安穩度日的真男人。

解決方法

你還在為了別人不小心碰到自己而斤斤計較？或者因為同事欠自己幾十元而睡不好覺？這當然不是男人的行為。

先別急著鍛煉肌肉，要成為真正的硬漢，精神上的勃起比肌肉的豐滿更重要：

★別害怕。陽剛的男人最大的特點就是勇敢。敢於面對挑戰，更敢於承認失敗。別害怕和上司交談、不怕案子搞砸了。有自己的想法，就去努力溝通，爭取客戶的認同。如果什麼事都縮頭縮尾的，那算男人嗎？

★處事大方，不拘泥、不小氣。不要為了一點雞毛蒜皮的事情鬧個半天，更不要跟朋友計較太多。一句話或者一個誤會傷害到自己，只要解釋清楚，大家依舊是好兄弟。有這種氣度，才有資格叫做男人。

★有自己堅持的原則。在觸動原則之前，什麼事情都能大而化之。然而一旦觸及原則，只要合理，無論面對多麼強大的勢力，都必須堅持，決不妥協。就算是老婆的要求和命令，也堅決不讓步，這才是一個能讓老婆信服的男人。

　　★不少人以為說幾句粗話、時刻刁著香菸就是男人味了。這也是很滑稽的邏輯。如果刁著香菸就是男子漢，那菸廠不久就成為了硬漢工廠？事實上，那些不分場合刁著菸，口吐髒話的人，也是另一種「娘娘腔」，因為他們不懂得尊重別人，尤其是女人。這顯然也和男人的自然功能相違背。要想成為男人，就必須懂得尊重別人，堅持自己的信念。這比任何一塊肌肉的發達更有效果。

　　★工作之餘，不要躲在家裏抱著電視看。那些矯揉造作的影片、喧鬧的綜藝節目主持人會加重你的精神衰竭。多接觸大自然，雄性動物是在征服大自然的過程中培養出的血性，從都市走回到這片土地上，你會逐漸找到身為雄性動物的驕傲和霸氣。

06 ♀ 老婆愛黏我怎麼辦？

　　看著說明書裏的內容，黃先生陷入了沉思。許久，他抬起頭來，對著剛才碰了自己的那位大男孩不好意思地笑了笑。大男孩也很友好地伸出了手，和黃先生握在了一起。

　　周圍的人再次笑了，這次的笑，顯然是對黃先生的讚許。

　　二樓走廊上的Ｗ博士不知什麼時候已經走下了樓梯，來到大家中間，他笑著問眾人：「很好！相信你們當中的不少人已經解決了心中對老婆的困惑，現在我們的第一部分還剩下最後一頁，誰來提出自己的問題呢？」

　　「我有問題！」人群後面，一個30多歲的男子站了出來。

「Ｗ博士您好。」那男子來到博士面前，很友好地伸出手跟他握了一下，從男子的動作氣質以及穿著打扮上，顯然是一位成功的商業人士。這種人，居然也在夫妻問題上有困惑？

　　「有什麼問題，請說。」Ｗ博士也很好奇，這個男子的問題究竟是什麼。

　　「我叫的湯瑪斯・愛德華，是韓星集團的首席執行長。」湯瑪斯如同反射動作一般地自我介紹了一下，介紹完自己，他回到正題上，「我對於老婆的困惑，就是我想不通她為什麼總愛黏著我。」

　　「我跟老婆結婚已經5年了，因為彼此工作都比較忙碌，暫時還沒有要孩子的打算。不過我們感情一直很好，很少吵架，彼此恩愛。」湯瑪斯頓了頓，彷彿是整理了一下情緒，接著緩緩說道，「之前我在公司裏擔任部門經理，工作雖然繁忙，可是一有時間，我就會盡力陪伴在她身邊。去年我被董事會提升為了公司CEO，事情一下子比過去多了數倍。不僅要負責公司內部事務，還要經常跟政府官員打交道，社交場合很多。我以為老婆會體諒我的辛苦，可沒想到她居然還是像以前那樣，要求我早點回家陪她。不對！應該

是比以前更變本加厲。」

「比如說呢？」W博士問道。

「比如上個月，我因為要準備董事會的緊急會議要加班，她卻打電話來說她病了，躺在床上動不了。等我匆匆忙忙趕回家才發現她原來是在騙我。還有一次，我正在外面陪政府官員吃飯，她不斷地打電話要我回家，還哭著說什麼我在外面鬼混，不要她了。你們說這不是無理取鬧嗎？更讓我無法忍受的是她不知從哪裡聽來的閒話，懷疑我在外面有小老婆，每天回家的第一件事就是聞我身上有沒有香水味、有沒有口紅印、有沒有頭髮絲。那天我跟公司同事去會所談點生意，身上沾染了一些女人的香味，她就跟我吵了一整夜。害得我第二天完全沒有精力處理工作。再這樣下去，我還怎麼管理公司？」一口氣說出了心中的鬱悶，湯瑪斯長長地呼了一口氣。

望著他略顯疲憊的眼神，男人們露出了同情的表情。原來這個企業家還有這麼麻煩的婚姻狀況，看來果然是家家有本難念的經。

「所以，你現在的問題就是要問問為什麼老婆總是要黏著自己，對嗎？」W博士總結道。

「是的！」

又是一陣輕微的顫動，湯瑪斯和大夥一起翻開了說明書：

症　狀

老婆總是希望自己老公的社交應酬越少越好，能夠隨時陪在她身邊。嚴重者還會表現出多疑症狀，總是覺得老公在外有情人，並希望找出蛛絲馬跡，給伴侶帶來巨大的心理壓力。

症狀分析

當你完全擁有一件事物的時候，你可能會忽略掉對它的關心。然而當你發覺某樣事物可能會離開你時，則會將關注的中心逐漸轉移到該事物身上。

老婆黏老公，顯然也是由於這種原因——對自己的不自信、害怕老公離開自己。這種情緒可能是自幼養成的，比如從小受到父母、家人的疼愛較多，結婚後也缺乏獨立性，較為依賴丈夫。也可能是婚後由於對老公的眷戀增多，由於對方越來越忙碌，使得夫妻在一起的時間急劇縮短，前後造成的差異將這種眷戀感放大，使老婆不自覺地開始更需要老公的陪伴。

　　湯瑪斯的老婆顯然就屬於後者。除了陪伴時間的變化，地位的變化也是誘發該症狀的原因。從部門經理到企業CEO，這種地位上的提升，帶給妻子的是一種不安全感。她從過去平等的夫妻角色中退出，開始以一種仰視的心情去看待丈夫。這種仰視，讓她覺得對方隨時有可能找到更好的愛情，進而拋棄、離開自己。再加上電視、小說裏隨時都有第三者的介入、一些婚變的情節，讓天生就愛幻想的女人更加膽戰心驚，變得神經兮兮。

解決方法

　　該症狀的根源不是老公的升職、忙碌，而是老婆對自己、對婚姻生活信心的降低。要解決該症狀，不是老公多抽出時間陪伴就可以了，那樣不僅起不到根治的效果，還可能延誤工作甚至造成家庭事業兩頭受氣的狀態。

　　治本的方法是幫助老婆恢復信心，讓她知道自己在你的心中無可替代。只要她堅信如此，就算你經常出差、社交應酬，都會加以理解。具體做法可以參考下面幾點：

★每天上班前和下班後都深深地親吻你的老婆，同時告訴她你有多麼愛她。這種行為是在一種積極的暗示，透過不斷的重複，這種暗示效果會深深烙印在老婆心中，讓她堅信你的愛情。

★有女同事對自己獻殷勤，或有曖昧感的時候，不妨把這種事情當作工作見聞告訴自己的老婆。畢竟這種事情越隱藏才會更顯得做賊心虛，一旦坦然的說出來，反而會讓老婆相信你不會對身邊的其她女人有非分之想。當然，最初可能她會有些不習慣，經常討論這類話題，老婆就會見怪不怪了。

★晚上下班或外出應酬的時候，抽空給老婆發幾個簡訊或打個電話。告訴她自己正在做什麼。這花不了你多少時間，卻能讓老婆相信你無論什麼時候都在想著自己。也讓她能徹底放心。

★如果不是正式的工作應酬，只是朋友、工作夥伴聚會的話，不妨帶著老婆一起。這樣既增加了她的社交面，也讓她熟悉你的社交圈子，能起到安心作用。

★當然，無論怎樣，最根本的還是盡可能在工作之餘多陪伴你的妻子。畢竟兩個相互愛著的人走在一起不容易，如果因為這些毫無意義的事情產生誤會衝突，實在沒有必要。

生理心理大 PK

性情篇

女人是為愛而性，男人為性而愛。

生理結構決定了男女在性愛和感情天平上的側重不同。

於是，有的夫妻之間便會為了這兩個問題產生矛盾。

男人不懂，為什麼女人在性愛之後，非要拉著疲憊不堪的自己說

話？為什麼她們不願意用自己最性感的一面撩撥自己？

為什麼總喜歡聽甜言蜜語……

和酷愛肉體感受的男性不同，女性更重注精神上的快感。

而這正是讓老公們頭疼的一面。究竟怎樣才能瞭解自己的

老婆，讓雙方都獲得滿足？本篇將帶給你新的啟示。

她幹嘛不讓我睡覺？

看到說明書第二篇的扉頁上逐漸顯示的這番話，
男人們眼中閃爍出了一絲興奮。毫無疑問，夫妻之間
的性愛問題已經成爲了誘發生活問題的焦點。而在這
個俱樂部中，被性生活延伸出的種種問題困擾的男人
自然不少。只是這種事情太隱諱，尤其對於男人來說，
往往不便去醫院、心理醫師那裏諮詢。既然說明書能
幫自己解決麻煩，他們當然樂意。

不過，捉摸了半天，究竟誰先開口呢？

看著這些面露窘色的男人，W博士心知肚明，他
對這種都不好意思開口的情況早已習以為常，尤其是
在這個觀念相當保守的東方人居多的地區。

「既然你們都不願意說，那我就提出一個相當普
遍的問題，說明書裏的答案能對你們有所幫助。」W

博士微笑著，用他一如既往沉穩，卻穿透力極強的聲音說道，「這也是我在完全瞭解自己的老婆之前最大的一個困惑。」

「W博士，原來您也曾經有過跟我們一樣的困惑？」剛才從書中得到啟示的CEO湯瑪斯並不滿足，他希望自己能從更多的方面瞭解自己的老婆。正當他真的體會到了這本說明書的奇妙之處並在努力地思考著下一個問題的時候，W博士的一番話讓他不覺有些驚訝。

「當然！我們對一件事物的瞭解總是從無知到懂懂，從瞭解到精通的。老婆和我們一樣，也有自己的七情六慾，而且身為情感更加豐富細膩的女性，她們的很多行為都需要有一個逐步探索的過程。而我經歷過這個過程也就不奇怪了。」W博士對大家笑了笑，繼續說，「你們今晚能來到這裏，不就是希望瞭解自己的老婆，然後努力讓自己更疼愛她，去呵護這個溫暖的家庭。既然如此，我希望你們利用好這寶貴的時間，大膽地提出問題，爭取早點得到說明書的回答。好吧，現在我提出我的問題：為什麼在跟老婆做愛以後，她總喜歡拉著我聊天？」

「沒錯！我也經常有這樣的困惑。」

「嗯，對啊，我老婆也是……」

W博士說出了自己的問題以後，人群裏立刻有人表示贊同。

「為什麼會這樣？」湯瑪斯也愣了一下，「他也發現最近老婆似乎總喜歡在激情過後拉自己聊天，只是由於工作繁忙，兩人常常會選擇體力充沛的假日做愛，因此聊天對於他來說問題不大。看來，這個情況，還挺普遍的。」

手中書本再次傳來的輕微震動把湯瑪斯拉了回來，看到大家都急匆匆地翻到了第7頁，他也忙不迭地打開閱讀了起來。

 症　狀

激情過後，老婆總喜歡拉著老公聊天，不讓他睡覺。如果老公很快沉入夢鄉，輕則會生氣，重則可能很長時間不願再讓老公觸碰自己的身體。

症狀分析

老婆喜歡事後拉老公聊天，這種情況相當普遍。

　　而老公們在做完「功課」後，當然最喜歡的選擇就是呼呼大睡。之所以產生這種差異，還是由二者生理結構決定的。

　　男人身強力壯，在愛情過程中多為主動角色，需要耗費大量體力。而且每次的做愛往往都是以男性射精為終點。在射精的一瞬間，肌肉驟然緊張，當再次放鬆後，從身體到精神都會出現一個疲憊期。如果平日工作再繁忙、勞累一些的話，老公們當然很難打起精神跟老婆聊天。

　　而女人則不同，她們之所以能在激情過後仍舊保持聊天的慾望，主要是由於女性耐力較好，而且在做愛過程中多呈被動姿勢，不需要耗費太多體力。以至於精力能夠保存。其次，女性不像男人那樣容易得到性滿足，她們的高潮來得較晚，難以達到。如果中途老公投降了，自己的性慾卻得不到舒緩，老婆們就會採取如自慰等方法宣洩。相比之下，聊天就是相對文雅、含蓄的方法。而這種方法若是得不到老公的回應，她們便會覺得對方只顧自己快樂，不管她的感受，進而憤憤不平。

　　肉體的感覺還是其次，女人相對男人來說更重視

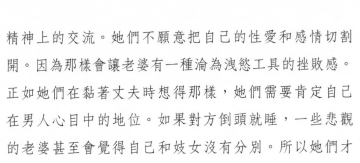

精神上的交流。她們不願意把自己的性愛和感情切割開。因為那樣會讓老婆有一種淪為洩慾工具的挫敗感。正如她們在黏著丈夫時想得那樣,她們需要肯定自己在男人心目中的地位。如果對方倒頭就睡,一些悲觀的老婆甚至會覺得自己和妓女沒有分別。所以她們才會如此看重「功課」後的聊天,也無怪在看到老公悠然睡去後,老婆們會怒火中燒了。

解決方法

當然,讓老公們每次都陪老婆聊到盡興確實對男人也很難。畢竟體力消耗大過老婆,還要養足精神備戰第二天的工作。其實折中的方法有很多,比如,下面這幾點:

★儘量選擇週末、休息日。這樣雙方體力都比較充沛,也不同考慮第二天上班的事情。可以放鬆心情全心投入。就算事後老婆拉著聊天,也有足夠的精力奉陪。

★如果第二天要上班,做完以後又很疲憊。不妨和老婆一起去浴室洗個鴛鴦浴。用熱水除掉滿身粘糊糊的汗液,不僅會讓雙方都覺得舒服,更可以在洗浴

過程中有大量的時間溝通、交流。而且此時雙方都比較愉悅，聊天過程會比較順暢。洗完澡，就可以舒舒服服地享受高品質睡眠了。

★如果你疲倦到連澡也不願去洗。也絕對不要倒頭就睡，可以在老婆開口之前，先問她是不是也很累了，這樣可以暗示她你現在的感受是疲憊，而不是不願跟她聊天。隨後，你可以輕輕地摟著她，親吻她，告訴她你很愛她，從根源入手，讓她不聊天也安心。

★如果說對老公的不確定是老婆拉他聊天的根本原因，那麼慾望的不完全發洩就是導致該狀態出現的直接原因了。試想，倘若老婆在做愛的時候高潮迭起，體力透支，恐怕事後你就算找她聊天，她也不幹了。所以，若老公能多跟老婆溝通，仔細揣摩對方的感受，在自己享受快感的同時，也努力讓她達到極致的快樂，一切問題便消於無形了。

★另外還有一些做愛後快速消除疲勞的方法，例如在臥室裏走幾圈，活動一下筋骨，或者用冷水洗洗臉。都可以讓疲憊的身體快速恢復體力。有了體力，跟老婆聊天算什麼？

爲什麼不許我看她？

　　看完說明書給出的解釋，不少男士都頗感慚愧。

　　以前總以爲老婆這樣做是在無理取鬧，不顧及自己的感受。現在看來，真正沒有顧及對方感受的，是自己啊。畢竟夫妻生活是兩個人的事情，有衝突也很正常。衝突的根源則是誤會，是因爲大家都不願意把自己的想法說出來所導致。如果夫妻之間多一點溝通，老婆告訴老公自己的想法，老公讓對方明白自己的感覺，或許大家便都能相互體諒了。

　　不過好在現在知道了老婆們的真正想法，相信下次再出現這種情況，問題便能夠好好的來處理。

　　「那麼，現在誰來提出第二個問題？」W博士繼續問道。

　　「我，我來提問！」一個20多歲的年輕男子站了

出來，說道，「這個問題在我心底已經埋藏了很久。一直我都不願意去想它，可是今天在這裏，我相信我的困惑可以得到解答。」

「我也相信，現在請你說出自己的困惑吧。」W博士鼓勵道。

「我叫阿磊，剛結婚一年多。我跟老婆是大學同學，她是個很保守的人，戀愛的時候，我們就只停留在牽手和接吻的地步。出於對她的尊重，我從未越雷池半步。」阿磊頓了一下接著說，「我本以為，只要結了婚，她就願意把自己的一切交給我了。可事實卻並非如此。結婚以後，我們每次做愛必須在晚上，而且是必須在毫無燈光的環境下。如果是在白天，她碰都不讓我碰一下。」

「我本以為只是剛結婚，她還比較害羞。時間久了就好了。」阿磊苦笑了一聲，「沒想到一年多過去了，她還是那個樣子。就連我開一盞小夜燈都不允許。說來也不怕大家笑話，結婚那麼久，我只是偶爾在她洗澡的時候才能看到老婆的身體。」

「所以，我的困惑就是，為什麼老婆總喜歡在黑暗裏做愛呢？」阿磊對著說明書，一字一句地說出了

困擾自己的問題。

幾秒鐘後，他的問題得到了回應。

 **症　狀**

老婆在做愛的時候，要求黑暗的環境。如果是白天或者有燈光的地方，拒絕和老公配合。

症狀分析

男性的羞恥神經比女性大條，他們喜歡享受赤裸相見的刺激和快感。喜歡看著女性的軀體，這對他們來說，可以比單純的性愛更能提升愉悅情緒。

而東方女性從小接受的就是含蓄的文化教育。尤其是在性事上，比西方女性更為傳統和保守。儘管如今開放了許多，但這種保守的思想仍舊牢固的存在於多數女人心中。對於她們而言，做愛就應該是在烏漆嘛黑的環境下進行。這就造成了二者在選擇白天還是晚上做愛這一問題上的衝突。

除了保守情節和羞恥感外，還有一部分女性不願在老公面前暴露身體，並不是不愛自己的老公，而是出於自己的自卑。例如自覺身材肥胖、矮小、瘦弱的

女性，她們會覺得把自己的裸體暴露給老公，影響對方做愛時的感覺，降低自己在他心中的美好程度。可以說，這類老婆之所以必須在黑暗中做愛，根本原因還是不希望老公會因此不愛自己。

還有另外一類老婆，她們並非拒絕在光線充足的環境下做愛，而是相比之下更喜歡昏暗的環境。因為在視覺無法發揮作用的環境裏，人類的觸覺、嗅覺和聽覺都會變得更加敏銳。喜歡身體觸感的女性，自然會覺得這種環境對自己的刺激更加強烈，因此才會要求老公在黑暗中和自己享受魚水之歡。

在上述幾種普遍的原因之外，還有一些人可能在年幼時期曾經遭遇過諸如性騷擾、強暴之類不願回首的過去，因此在她們的心中會留下對性愛的陰影。這也成為了她們結婚後，即便強迫自己履行性愛義務，也寧願在完全黑暗的狀態下進行的怪癖。

 解決方法

針對不同的問題根源，老公們需要採取不同的方法去解決。這樣才能事半功倍，讓老婆愛上你熱情的眼神。

★對於傳統觀念較重的老婆，不能著急，要逐漸引導她適應有光線的環境。例如夜晚先借助月光用你熾熱的眼神去暗示她，告訴她你有多麼愛她，包括她身體的每一個部分。待她習慣你這種眼神後，再嘗試選擇在微弱的照明環境中做愛。一步步地循序漸進，最終就能讓她逐漸習慣在你面前坦露一切的感覺。

★饑餓療法──如果老婆喜歡和你做愛的感覺，卻並不同意在有光線的環境裏享受。你可以借機出差幾天，然後選擇一個她在家的下午回來。借助幾日小別的興奮感去挑逗她，讓她產生難以抑制的性慾。這樣，她多半也沒有辦法拒絕你了。幾次以後，相信她也會愛上白天做愛的感覺。

★如果老婆是因為對身體的不自信拒絕和你在白天或光線充足的環境裏做愛，也不用著急。多讚美她，告訴她你對於這樣一個完美的軀體有多麼迷戀。你喜歡她的一切，這種身材正是你最愛的地方，你看著她時，就會獲得近乎狂野的刺激。聽到這類鼓勵的話，老婆一定可以對你做出積極的回應。

★若對方是觸感型的就更好辦了。她們並不拒絕在有光的地方做愛，只是希望獲得更強烈的刺激。多

一些愛撫、親吻和挑逗，完全可以彌補觸感稍弱的遺憾。

　　★如果你的老婆是因為某些心理創傷導致的問題。那麼除了耐心的鼓勵和支持外，多瞭解一些相關的心理書籍，全力幫助她走出陰影才是唯一的解決方法。切忌急躁，一定要讓老婆相信，你有多麼愛她，你願意支持她，耐心地等著她。這樣，存在於老婆心中的陰影才會逐漸消散。

The Wife Instructions

快感的聲音

看著說明書裏的分析和介紹，阿磊覺得自己在過去這一年裏確實有些心急了，而且也沒有給老婆正確溫和的引導。

「第二種方法似乎不錯。」盤算了半天，阿磊決定回公司後就申請出差幾天。

「我還有個問題。」見又一個夥伴解開了心中的疑惑，站在後排一位身著運動服的中年男子暗自下了決心，大聲說道。

人們主動為聲音的主人讓出了一條道路。這名運動男走了上來，結實的肌肉感和勻稱的身材讓人們有理由相信，這是一個專業的體育運動者。單從手臂的肌肉上來看，就比之前那位黃先生的輪廓更清晰結實。

「很好，請說出你的問題吧。」W博士向對方笑

了笑。

　　運動男沉默了幾秒鐘，似乎是有點掙扎猶豫。的確，畢竟把最隱私的事情說出來，對每個人來說都是件很困難的事情。不過望著周圍人們真誠和鼓勵的目光，還有那些人從說明書裏獲得解答的喜悅和輕鬆，他還是緩緩地說出了自己的困擾。

　　顯然，雖然克服了心理障礙，這個略顯靦腆的男人還是有些不好意思，描述的斷斷續續。不過人們還是大致瞭解了他的問題：這名叫做阿威的男子果然是運動員出身，退休後經營一家健身中心，並且兼任教練。長期的鍛煉讓他的身體素質非常好，相對的，性慾也比較旺盛。阿威的老婆是很淑女的那種類型，兩人結婚後，夫妻生活也相當和諧，但唯一令阿威困惑的是，每次做愛的時候，自己的老婆就像充氣娃娃一樣，除了喘息的聲音外，再無別的任何表示。至於所謂的呻吟，更是從來都沒有聽到過。這讓阿威遭受了莫大的打擊。甚至一度讓自信的他開始懷疑起自己的性能力。

　　「嗯，你說的情況雖然不常見，但也確實出現在不少家庭中。」W博士聽完阿威的敍述，若有所思地

回答道，「讓我們好好看看說明書裏的回答吧。」

症　狀

做愛時老婆缺乏投入感。沒有呻吟聲，也沒有任何可以對老公的「辛苦勞動」表示鼓勵的聲音和肢體動作。

症狀分析

我們無論做什麼事情，都希望獲得別人的讚賞和認可。做愛當然不例外。

試想，如果老公在上面汗流浹背，老婆卻毫無反應，這就像一個努力演出的演員卻得不到掌聲一樣讓人沮喪至極。所以老公希望老婆們能對自己的「努力」表示讚賞。最好的讚賞方式，當然是投入的呻吟聲。

由於女性的身體較男人敏感，因此呻吟的程度也應當更強烈。而根據每個人體質的差異，小到激烈喘息低聲呻吟、大至高聲尖叫抓咬被褥，都是老婆感到強烈刺激做出的快樂反應。對於老公而言，她們的反應越強烈，自己受到認同的程度也就越高，做起事來

當然也就越賣力、越有滿足感。

　　然而並不是所有的老婆都會恰到好處地給老公這樣的鼓勵。最常見的就是體質因素——老婆感覺不到強烈的快感，自然也就沒有了呻吟的心情。

　　身體因素之外，更多的因素，來自於她們保守的心理——她們覺得呻吟是那種不三不四的女人才會發出的羞恥聲音，作為一個從小受到良好教育的淑女，是不可以有絲毫這種不雅聲音傳出的。

　　除了心理因素，環境因素也是造成老婆不願放開一切享受快樂感覺的原因之一。比如那些依舊和父母同住，房間隔音效果不佳或有孩子在家的夫妻，為了避免歡愉的叫聲被旁人聽到，他們都要努力壓制自己的呻吟聲。這樣做的後果，不僅可能大幅度降低性愛的快感，還可能導致雙方心理障礙，造成老婆的性冷感或老公的陽萎。

　　過猶不及，沒有呻吟固然會令老公感到不爽，有的老婆為了取悅丈夫過分頻繁的呻吟也是大忌。因為那樣會產生不真實感，一旦發現老婆的呻吟是裝出來的，恐怕對丈夫的打擊比沒有呻吟更大。

 解決方法

　　跟懼怕在白天做愛一樣，老婆身體反應不強烈的問題，也需要對症下藥。根據病因選擇合適的解決方法。

　　★如果揣測老婆缺少投入的原因是身體上的，不妨在做愛時或做愛後多跟老婆溝通，看看是不是自己沒有找到最敏感的部位。夫妻二人共同揣摩，嘗試不同的方法，爭取讓她獲取更強烈的刺激。相信能更享受到快樂的老婆是不會反對的。

　　★倘若老婆的思想保守，覺得呻吟是不道德的行為。你就要從心理和生理上去努力糾正了。

　　首先要讓她明白，做愛的時候呻吟，和疼痛、恐懼的時候尖叫是一個道理，都是人類為了宣洩某種情緒做出的本能反應，是有利於身體的。倘若強行憋著，就像害怕的時候叫不出聲，不僅難受，還會對身體造成巨大傷害。

　　其次，告訴你的老婆，你希望她嘗試著給自己一點積極的回饋，因為那樣你會覺得欣喜和寬慰。對待思想保守的老婆，不能著急，要慢慢的引導她一點點

的放棄過去的錯誤認知，只有在重複緩慢的誘導下，才能取得很好的效果。若太著急，反而會讓情況變得越來越糟。

　　★如果是環境導致你們的生活無法盡興，不如儘量選擇父母、孩子不在的時候進行性生活。甚至還可以隔一段時間去汽車旅館「度蜜月」。

　　如果父母孩子始終都在身邊，那麼花費一點錢，對臥室進行一番隔音改造就很有必要了。

　　★若你的老婆不僅善於呻吟，而且甚至顯得有些做作了，也不用那麼明白的告訴她。你應該高興，因為她在自己快樂的時候還想著你。你可以婉轉的告訴老婆，做得時候全身心的投入到自己的感覺中，只要是她最真切的感覺，你就能有莫大的滿足感。

　　如此一來，不僅告訴了妻子你的想法，也讓她有理由更愛你了。

怎樣給老婆帶來高潮？

「我也有問題要問！」看著說明書裏的解釋，另一個看起來比較穩重的中年男子也發話了。

由於前面幾個人的大膽提問和W博士的問題，整個大廳的氣氛也發生了微妙的變化。

眾人打量著這名男子，他大約40多歲，戴著一副黑邊眼鏡，身穿黑色西裝，頗為嚴肅的表情下透露出一股沉穩內斂的氣息。如果沒有猜錯，他的身份應該是公司的中層管理者或政府官員。

W博士沒有說話，而是用他特有的鼓勵式微笑面對這位男士。

男人張了張嘴，似乎是要再一次的鼓起了勇氣：「剛才我在書裏看到，如果要讓老婆不拉著自己事後談話，最好的方式就是讓她獲得最大程度的滿足。」

　　「可是，」這名男子猶豫了半天，終於說出了自己的問題，「我不知道怎樣能讓老婆達到高潮。雖然結婚以來我們在房事上並沒有出現什麼問題，可是我始終有種感覺，她沒有過真正的高潮體驗。」

　　「是嗎？」W博士問道，「你能確定？」

　　「我想應該是的。」男人點了點頭，「我自己也查閱了相關的資料，看到很多專家形容的女性高潮時的表現應該是一種如同觸電一般，身體無法自己、出現讓身體短暫失控、全身肌肉緊張的快感。可是在我和老婆進行的過程中，卻發現她並沒有這類的反應。」

　　那男子頓了一會，接著說道：「最要命的是，現在每次在進行房事的時候，我滿腦子都會不自覺地充滿著希望老婆能達到高潮的念頭，可念頭一多，我反而沒法全心的投入進去。很長一段時間都是如此，弄得老婆也很不高興，甚至懷疑我在外面有了別的女人。不僅動不動經常發脾氣，後來讓我碰她的次數也越來越少了。我真不敢想像，再這樣下去，我們倆之間的關係會變成什麼樣子。」

　　「我能理解你的焦慮，」W博士誠懇地望著對方，「既然如此，還等什麼，趕緊看看說明書帶給你的解

答吧。」

症　狀

　　老婆很少有高潮體驗，嚴重者表現為對性愛的失望和冷淡。老公儘管努力嘗試，卻達不到極致狀態，而且還有讓自己產生心理負擔。

症狀分析

　　有調查顯示，在東方女性中，至少有50%的人不知高潮為何物。甚至還有老婆以為，只要老公射精了，自己就達到了高潮。之所以有這樣的錯誤觀念，主要原因除了東方人保守的性教育外，最重要的就是女性高潮反應的不明顯。

　　美國專家曾經對女性高潮反應做出了定義：陰蒂處產生的極度快感，類似於輕微觸電一樣迅速傳導至全身。手指、脊背以及大腿肌肉會不由自主地顫抖、收縮。持續時間大約2秒鐘左右。

　　不過，由於每個人的體質不同，這種定義並不適用於所有人。身體敏感者，可能反應會更強烈甚至出現短暫昏厥，體質較麻木者，也可能只是一瞬間的身

體失控。正是因為沒有明顯的徵兆，所以不少女性甚至連自己都無法確定是否有過高潮體驗。

既然無法達到極致快感，那麼性愛的樂趣就會大幅降低。久而久之，老婆們則可能會產生抗拒、排斥的心情，或者由於慾望得不到宣洩，產生對丈夫的抱怨。這種態度反應到老公那裏，就會給他施加心理壓力，讓愛情變得酸澀。

其實，女性無法達到高潮，多數並不是身體上的問題。而是心理、環境造成的性高潮障礙。例如老公只顧自己的感覺不夠體貼；如前面所提到的羞於呻吟，在不斷自我克制，無法全心投入；又或者老公持續的時間太短，還沒有激發自己的慾望就草草結束了事等等。

只要雙方共同努力去克服這些問題，讓老婆擁有極致體驗，讓老公獲得巨大成就感就不是難事。

 解決方法

★讓老婆達到高潮，首先老公應該注意控制好時間。因為女性的感覺累積緩慢，需要較長的時間才能激發快感，如果剛剛有了感覺甚至還沒什麼感覺就完

事，肯定會讓老婆怒火中燒。而且，跟男性不同，女人有重複高潮的能力。出現了一次性高潮以後，身體已經十分敏感，就很容易達到第二次、第三次甚至更多。所以控制好時間是幫助她體驗愛情快樂的根本方法。

★多關注老婆的感覺，不要只顧自己。要延長時間，最好的方法就是多考慮老婆的感覺，根據她的狀態控制節奏。如果對方感覺較為平淡，就不要著急。若對方出現感覺或進入狀況，就加大力度和速度，增強對對方的刺激，幫助她獲得更劇烈的快感。

★嚴禁直奔主題。絕對不要忽視愛撫、親吻這些鋪墊動作。也不要忘記在歡愛前營造輕鬆、曖昧的氣氛。例如較暗的粉紅色燈光、舒緩悠揚的音樂、香氛蠟燭、一點點香檳或紅酒等等。對於感性的女人而言，這些元素可以有效提高她們的身體機能，增加身體的敏感性。

★如果從頭到尾都是千篇一律的動作、單調的環境，再敏感的老婆也會對性愛麻木。和她好好溝通，嘗試不同的體位、頻率和環境。偶爾嘗試在臥室、餐廳、浴室甚至廚房做愛的感覺，用新鮮感挑起她的情

慾。另外，還可以在跟老婆進行溝通後，嘗試借助成人圖書、影片帶來不同的刺激感。

　　★有人覺得，夫妻雙方同時進入高潮是愛情的至高境界。於是在歡愛的時候，特別注重配合對方的高潮時間。然而男女體質的不同決定了二者很難有高潮上的統一。如果刻意追求，只會讓雙方無法集中注意力，適得其反。

The
Wife
Instructions

招不在多，管用就行

　　「我覺得這裏的說明有問題！」　正當大家還在揣摩、考慮自己應該如何去做的時候，有人對它的內容提出了質疑。

　　「有什麼問題？」W博士也十分有興趣地看著提出問題的那個男人。提出問題的男人頭戴一頂白色的棒球帽，這讓他在人數眾多的大廳裏顯得格外引人注目。

　　見大家都看著自己，他便摘掉了棒球帽，露出了極富西方人種標誌的褐色頭髮和藍色眼睛。而且雖然沒有阿威那麼輪廓分明的肌肉，但強碩勻稱的身體也顯示出了他良好的素質和旺盛的精力。

　　「我，覺得第四點，嘗試不同的動作，帶給老婆新鮮感，並不能夠改變什麼。」那男子道。接著，他

把自己的經歷告訴了大家。

他叫做詹森，是澳大利亞人。幾年前來到這個東方國家的城市教書，並且在這裏邂逅了一位美麗漂亮的東方女子，也就是他現在的妻子。

由於是跨國婚姻，兩人在文化上、思想上都難免會有不一樣的地方。不過老婆畢竟學歷較高，也相對瞭解西方文化，二人在家庭生活上也沒有什麼解決不了的問題。唯獨在性事上卻有著幾乎不可調和的矛盾。

作為一個精力旺盛的西方小夥子，詹森喜歡追求刺激，他覺得性愛就是一件帶來不同感覺的美妙事情。而他做愛的姿勢也是千奇百怪，只要身體能夠完成的動作，他都要實驗一番。

而作為含蓄溫柔的東方女子，詹森的老婆對他的這種做法極度不解。最初她覺得丈夫只是一時好奇，於是半推半就地配合了幾次，後來見他絲毫沒有收斂的意思，不僅不再配合，還常常斥責他。

後來，兩人性愛的頻率也越來越少了，每次慾火難耐的時候，她就會找各種各樣的藉口推託。這讓慾火難耐的詹森很不了解，明明是在給雙方尋找更舒服、更快樂的方法，可是最後卻導致老婆甚至都不想讓自

己碰了。如果不是W博士愛妻俱樂部的及時開辦，說不定用不了多久，詹森甚至會考慮提出離婚要求。

聽完詹森的陳述，W博士暗自慶幸自己選擇的時機很好，至少有機會挽救一對跨國婚姻了。他收起了笑容，很嚴肅地對詹森說：「恕我直言，我其實很不喜歡你們年輕人的一點就是動不動就要離婚、分手。要知道，婚姻就是一種承諾，儘管在法律上，你有離婚的自由，可是在道德上，既然選擇了這份承諾，難道就因為有一點吵架衝突，就可以放棄這份責任於不顧？況且，我並不認為這是什麼大不了的問題，我相信你手中的說明書可以給你想要的答案。」

詹森沒有反駁，因為此時他已經把注意力集中在書中了。畢竟，在他心中還是愛著自己老婆的。如果他真的想離婚，今晚也沒必要在這裏出現了。

症　狀

老公喜歡嘗試在不同環境下用不同姿勢做愛。老婆卻不喜歡甚至反感這種做法，她們只願意採用一種或少數的幾種姿勢，不願有太大的變化。

症狀分析

　　顯然，讓老婆達到高潮，新鮮的動作、姿勢可能會有出色的效果。因為每個人的體質不同，敏感部位也各有差別。換一種方式，說不定恰好能夠找到最適合老婆的一種。而且，這種新鮮感也會給老公更強烈的視覺刺激，讓他們更加賣力。

　　不過請注意，並不是所有女性都適合嘗試不同的性愛姿勢。尤其對於一些思想較為保守傳統的女性，性愛本身就是一件令人害羞的事情，再加上要她們去做一些自認為「羞恥」的動作，當然不是那麼容易。而此時如果老公太心急，要求得太多，就會激起她們的反抗心理，讓嘗試變得更加困難。

　　另外，有不少比較「懶」的女性喜歡靜靜地躺在床上舒舒服服地享受愛情的感覺，而讓她們不停地變換姿勢，顯然是比較勞累的事情，當然提不起興趣。況且，姿勢變動的太過頻繁，也會影響感覺的連貫性，反而會降低她們達到高潮的機率。所以過分頻繁的性愛姿勢並不一定為老婆們所接受。

解決方法

物極必反，過猶不及，多嘗試新鮮的姿勢很好，但並不是所有人都能接受。如果你想和老婆一起探究性愛的美好，就必須要多考慮對方的感受。

★不要強迫。強迫對方做不想做的事情，怎麼能得到快樂？作為老公，你應當告訴老婆，自己希望的動作，以及這種動作可能會帶來怎樣的感覺。做好溝通工作，後面的行動才能順利進展。

★如果你的老婆比較反感過多的姿勢，不妨側面出擊，先挑逗起她的情慾，待她完全沉浸在歡樂當中、意志最薄弱的時候，一步步地實現自己的目標。如果她覺得這種姿勢很舒服，自然沒有理由反對。倘若她堅決不從，那麼只能說明這種姿勢無法帶來美妙感觸，暫時作罷不失為明智的選擇。

★借助圖書、影片等道具，引導老婆對新的姿勢產生興趣。只要她表現出一絲的好奇，都說明你有很大的機會實現目標。當然，道具的選擇要適度，以不引起對方的不悅為準。

★無論怎樣的姿勢，都不要讓她太累。疲倦是性

愛大敵，尤其是對渴望獲得完美性體驗的女人更覺得如此。因此在任何時候，都要小幅度的改變姿勢，儘量不要讓對方承受太大的壓力。這樣，就可以保證感受的連貫，也不會引起老婆的抵觸。

　　★姿勢不用很多，找到幾個最有效果的就行。不要試圖學會成人影片中的所有動作。那些不過是為了尋求視覺效果而做的。並不見得符合人體力學。勉強去完成，只會讓雙方疲憊不堪，無法找到快樂的感覺。根據個人體質，嘗試並找出三、四種最舒適的體位並在其中互換，這樣才會讓老婆樂於配合。

06 讓老婆性感起來

「是啊,或許我真的太心急了,完全沒有考慮她的感覺。」詹森思索了半天,說道。

「愛情本來就是夫妻雙方的事情,你不把自己的想法告訴對方,不讓對方心甘情願地配合,當然得不到最理想的結果。」W博士說,「回家後,不妨跟老婆好好溝通一下,就像說明書裏說的那樣,選擇幾種讓你們兩人都覺得最舒服的姿勢,作為常用的方法。至於其他姿勢,偶爾嘗試就好了,不用刻意去追求什麼。」

「嗯,我明白。謝謝您,W博士。」詹森點點頭。

「說到這裏,我想問問你們大家,」W博士轉過頭掃了一眼周圍的人,說道,「你們覺得性感的標準是什麼?」

「身材火辣！」立刻有人說道。

「善於挑逗！」

「懂得情趣！」

「會跳鋼管舞……」不知誰插了一句，惹得整個屋子裏的人都笑了起來。就連W博士也樂了，他笑著說：「這倒是個很有意思的標準。不過會跳鋼管舞的女人確實很懂得散發自己的迷人魅力，這點我很同意。」

「可惜，我老婆就不會。」又有人說道。詞語一出，又引得不少人表示贊同。

「那麼，也就是說，在你們當中，有不少人都覺得自己的老婆還不夠性感。或者說，還覺得她們有潛力，能再散發一些迷人的性感魅力，對嗎？」W博士問道。

毫無疑問，他的提問得到了在場所有男士的一致認同。就連那些老婆相對開放，樂於性事的老公都不得不承認，老婆還有極大的性感潛力等著他們去挖掘。

「很好，既然有這麼多人都覺得自己的老婆還可以變得更加性感，那麼下一個問題，不如就鎖定在如何讓老婆散發更迷人的性感魅力，好嗎？」W博士的提議獲得了在場所有男人的一致認可。隨後，大家全

都不約而同地狠狠地盯住了手裏的書，生怕看漏了一個字。

症　狀

老婆的性感潛力挖掘還不夠。或者在老公面前表現太過保守，不願將自己女性獨有的魅力盡情展露出來。

症狀分析

嚴格來說，這算不上什麼特別的問題。只不過是男女對於性感概念的理解差異不同而已。男人們總覺得老婆應該在客廳賢淑，在床上嫵媚。或者，在老公的心目中，所謂性感，就是穿著暴露，扭動水蛇腰，做出種種撩人的姿勢。這顯然是把性感和肉感混成一談。

什麼叫做性感，沒人能夠給出準確的回答。但有一點可以肯定，女性的性感，應該是從身體各個部位散發出來的讓人難以抗拒的氣質。老婆撩動頭髮的姿勢、誘人的眼神、亮晶晶的嘴唇、甚至是說話的嗓音和腳丫，都可能是性感的泉源。這顯然跟衣著暴露、

豐乳肥臀的狹隘觀念大相徑庭。

再加上女性從小受到的教育裏，並沒有如何散發誘人魅力的課程，所有的一切都是她們後天自我學習的結果。每個人的生活圈子、思想和文化程度，或多或少都造成了她們對於魅力認知的不同。因此，在希望老婆變得更性感的時候，老公們是否應該首先檢討自己，是不是對老婆要求的太過分了，已經超出了她的承受範圍了呢？

雖然每個男人打從心底裏都希望自己的老婆能夠善於誘惑調情，不過，這種想法究竟是否真的能讓對方接受，是否做到了對老婆的尊重。這才是老公們應該首先考慮的問題。如果只是想找鋼管舞女郎或脫衣舞孃，去Las Vegas就好了，何必還要討老婆呢？

解決方法

當然，這並不是說男人的慾望有什麼錯。希望老婆性感是再正常不過的反應，如果在雙方互相理解的基礎上去嘗試下面的方法，你一定會有驚喜：

★找到老婆身上的最性感處——除了胸部和屁股，她還有那裏最吸引你？是水汪汪會傳情的大眼睛，還

是性感的小嘴唇，又或者是白嫩嫩的纖纖玉手？女人喜歡男人讚美她身上的非傳統性感部位，若你能發掘這些地方，不僅可以讓自己感受到老婆不一樣的性感，也能討得她的歡心，為下一步行動做好鋪陳。

★多瞭解時尚服裝、配飾的資訊。別以為這些事情是女人的專利，作為老公，你應當對老婆穿什麼衣服最性感有著絕對的發言權。努力提升自己的審美觀，借助你的力量去打扮老婆，比如給她買貼身剪裁的衣裙，或最能挑逗你慾火的蕾絲睡袍……這都是你完全可以做到的事情。

★老婆生日、情人節、結婚紀念日這些節日，對不懂情趣的老公來說是壓力。對聰明老公則是天大的好機會。利用這個特殊的日子，給老婆送點情趣小禮物，例如性感的內衣、撩人的香水等等。在浪漫的晚餐後享受一番激情擁吻，在接下來的活動中，你一定可以看到老婆不同以往的性感面。

★陪老婆看電視的時候，如果出現性感美女，不妨小小耍嘴皮稱讚一下。比如，一邊流口水一邊色色地說：「好性感！我喜歡！」雖然老婆表面上會有些生氣，不過在她心理一定會有這樣的潛在反應：原來

老公喜歡這樣的女性。經常重複這類動作,會給老婆施加「催眠效果」,讓她不自覺地在行為上往這類女性身上學習。當然,需要注意的是分寸的把握,如果過頭了,反而可能造成老婆的反感,認為你有尋花問柳地傾向,這就麻煩了!

老婆爲何總不專心？

「看了說明書的分析解答，你們還覺得自己的老婆不夠性感嗎？」W博士微笑著跟大家說，「大多時候，我們把性感看得太膚淺了。正如羅丹所說，生活中不缺乏美，而缺乏發現美的眼睛。同樣，我們的老婆不是不性感，是我們沒有細心發現而已。」

「有道理！我覺得我老婆笑起來的時候特別迷人，或許這就是她的性感。」有人恍然大悟。

「就是就是！我也覺得老婆穿制服時特別美，爲什麼之前總希望她在我面前越暴露越好呢？」

大家七嘴八舌，竟然發現了不少老婆的性感出來。

「很好，就這樣多細心觀察，老婆們就會越來越性感。」W博士總結道，「既然如此，我們不妨進入下一個部分吧……」

「等一下！我還有一個困擾了很久問題！」一個聲音打斷了W博士的話。

這個說話的男人大約30歲左右，穿著簡單的牛仔褲和T恤，看起來很靦腆的樣子。想來若非是很重要的問題，他應該不會在最後一刻才說出來。

「很好，你有什麼問題？請說！」W博士正準備把說明書翻到新的一篇，見還有人提問，便停下了動作。

「我……我想問一下，做愛的時候，如果老婆注意力不集中，應該怎麼辦？」那男人說這話的時候，臉紅得如同番茄一般。

「注意力不集中？」W博士饒有興致地問道。

「就是……就是在做愛的時候，老婆總喜歡做別的事情，比如看書、看電視之類的。我要把電視關上，她還不同意。有一次我實在被電視吵得沒有辦法就隨手關掉了，她立刻就氣得站了起來，一個禮拜不准我碰她。」

「還有，」男子想了想，接著說，「她做愛的時候總喜歡和我聊天。」

「聊天，這不是相互溝通嘛，挺好的。我老婆從

來都不說話呢。」有人羨慕道。

「問題是她跟我聊的都是家裏的瑣碎事。比如說明天午飯吃什麼？孩子在幼稚園有沒有被同學欺負？家樂福有促銷，是不是要去逛逛……拜託！我們是在吃飯還是在做愛？難道她不知道，這樣一來，我完全無法集中精力嗎？」男子懊惱地說，「有時候甚至因為這些雜念太多無法挺立，這時老婆又會在一邊冷潮熱諷，給我很大的心理壓力。」

聽他說完，幾乎所有的人都向他投來了同情的目光。

W博士什麼話也沒說，只是把手放在他的肩膀上，用力拍了拍，示意他從說明書裏找尋答案。

症　狀

夫妻做愛的時候，老婆喜歡看書看電視，或者邊和老公討論生活瑣事甚至工作。無法專心致志地享受水乳交融的快樂。

症狀分析

性愛的時候，誰不希望自己的老婆能夠專心致志

地享受自己帶給她的快樂呢。這種注意力分散的行為，顯然是對老公的努力完全否決了。就像他很努力的做出了一桌飯菜，她卻隨便吃兩口就離開餐桌一樣。

老婆的這種行為，可能由多方面原因導致。

最大的可能性就是老公沒有給她帶來足夠的快感，如果感覺不到，她當然有精力做別的事情。這種情況對於從未體驗過高潮的女性尤其常見。此外，在面對自己喜歡的電視節目時，很少有人能完全不被誘惑。就像男人們在看球賽時也常常會心無旁騖一般。選擇這個時候做愛，可能會草草結束或不歡而散。

克服老婆做愛時不專心的問題可能是個較為漫長的過程，因為習慣不容易被改變。這就要求老公們必須耐心，有足夠的包容性。至少不會輕易因為這類事件跟老婆吵架嘔氣。

態度不端正，一切都麻煩。

解決方法

★做愛前，消除一切潛在影響因素。關掉電視、收音機、把床頭打理乾淨，不要出現圖書、漫畫一類可能分散注意力的物體。

★保持個人衛生。鬍子有沒刮乾淨？身體有沒有讓人不爽的異味？這些都是危險因素，會直接讓老婆對性愛喪失興趣。

★做愛的時間選擇也很重要。老婆如果心理牽掛著別的事情，比如該去幼稚園接寶寶了，或者明天上午還有會議資料要準備……她如何能夠專心地享受快樂滋味？

★把你的想法與對方溝通，讓老婆知道你不喜歡她在做愛的時候東張西望，注意力不集中。

★在適當的範圍內多嘗試不同的新鮮姿勢、環境。尋找老婆的敏感點。只要讓她有了強烈快感，就算是讓她把注意力移開都比較困難了。

女人心，海底針？

婚姻篇

有人說，男人來自火星，女人來自金星。
這話一點都沒錯！男人理性粗放，女人感性精緻，
男人可以一個禮拜不換衣服不洗襪子，
這對女人來說是完全不可思議的問題。尤其是在結婚以後，
男女之間的關係更近了，更加真實的自我也暴露了出來。
於是，麻煩也變得沒完沒了。讓老公們不解的問題
層出不窮：為什麼她總是那麼愛翻臉？
為什麼不願意跟我去見我的朋友？
為什麼老婆跟老媽的關係就是處不好⋯⋯
每個老公的肚子裏都有N個婚姻問題。
這一部分，本說明書就來幫你在幾個典型的問題上做出解答。

01　老婆爲什麼愛翻臉？

· · · · · · · · · · ● ● ● ● ●

　　確認大家都對上一部分沒有了問題，W博士才把說明書翻到新的篇章。

　　「其實，夫妻之間的問題，絕不僅僅只有性愛一個方面。」他一邊翻書一邊說，「兩人性格的差異也決定了生活上的諸多問題。現在，你們有誰想提出自己的困惑呢？」

　　「我有一個很嚴重的問題需要解決！」大廳的角落裏，一個男人的宏亮聲音震盪著所有人的耳膜。

　　「很好，你有什麼問題？」在別人都暗自抱怨他的大嗓門時，W博士卻沒有任何異樣，仍舊用他沉穩的微笑對提問的男人說道。

　　「我跟老婆經常吵架。這是讓我最不喜歡的事情。」男人說道。

「那麼，你有沒有想過，你們倆為什麼要吵架？」

「很顯然，是她太容易翻臉了。」男人忿忿不平，「最近一次我們吵架是在昨天下午。當時我只不過是看到報紙上有汽車的促銷廣告，順手讓老婆看一下，結果她就開始質問我是不是想換車了。那種態度實在讓我感到不舒服。於是就隨口告訴他，我就是想犒勞一下辛苦工作的自己，換一部新車。」

「結果呢？」顯然，事態的發展才是W博士需要關注的重點。

「如果是您，您會怎麼覺得？無非就是小小的討論一番而已，我說出自己的想法有什麼關係？要是不同意，可以說出自己的看法說服我。可是她卻突然大發雷霆，指責我不考慮家庭壓力、又說我缺乏責任心。甚至把以前的陳年舊事情都拿出來批判。這讓我很火大，不過就是一個廣告，有必要跟我發這麼大的火嗎？從平靜到憤怒，不過短短1分鐘，我真想不通，為什麼老婆的臉說翻就翻，一點預兆都沒有呢？」

聽男子說完，大家都沉思了起來，誰都不想跟老婆吵架，可這卻無法避免。畢竟自己都有跟自己嘔氣的時候，何況是兩個同在一個屋簷下生活的人。

現在，既然有人替自己提出了這樣一個令他們百思不得其解的問題，人們唯一的想法就是早點從說明書裏獲取解決麻煩的方法。

症　狀

老婆經常對自己發脾氣，而且大多數都是因為一點雞毛蒜皮的小事突然翻臉，大發雷霆。

症狀分析

如果兩個人走在一起是因為愛情的魔力，那麼在婚後的生活裏，愛情的地位就會迅速下降。因為此時我們的大腦已經被食衣住行柴米油鹽等瑣碎問題佔據了大部分的空間。

除此之外，財務問題、日程安排和子女教育，都是需要我們操心關注的問題。而這些問題，也往往成為爭吵的起源。

大多數吵架，都是先從對問題的討論開始的。當討論遇到分歧的時候，夫妻雙方就會開始爭論，爭論幾分鐘後，就必然會有人把注意力從爭論的本身引向了其他問題上，例如丈夫以前的過錯，或妻子這些年

來對自己的所作所為。這樣，爭吵就開始了。

　　讓很多人不解的是，為什麼我們會在爭論的過程中把注意力轉移？其實，這種轉移，大多數都出自於女性。因為她們更加感性，容易從目前的事情中產生聯想。當她們看到老公對意見事情漠不關心或表現太激烈的時候，就會不由自主地產生聯想——老公是不是不關心我了？是的！他從結婚以來一直都對我的事情十分冷漠！

　　於是，老婆們的注意力瞬間從一件小事擴大到了整個老公的態度，此時如果男人們再表現得略顯不耐煩或依舊冷眼旁觀，老婆們的怒火就會被瞬間點燃，迅速憤怒起來。

　　而此時，如果老公也毫無顧忌地叱責對方的不是，兩人的衝突就會不斷升高，成為一場「戰爭」。

 解決方法

　　夫妻吵架是難免的事，偶爾宣洩一下不僅不會影響感情，甚至還可以促進雙方溝通交流。「打是情罵是愛」的說法也緣於此。

　　不過若吵架的頻率過於頻繁，老婆總是三天兩頭

動怒，作為老公就會覺得壓抑。出現抗拒和老婆溝通的情緒，讓事情變得更糟。這當然也不是我們希望看到的情景，因此作為老公，應該主動站出來，承擔調節糾紛，控制爭論的節奏，化解矛盾的責任。而此時你就必須做到這樣幾點：

★圍繞問題的本身展開討論，不要擴大到以前雙方的錯誤上。首先老公應該做到這一點，然後在老婆出現「偏離軌道」的時候，及時站出來糾正：「嗨，老婆，我們今天討論的重點不是那件事，而是……」或者「過去的問題我們已經討論過了，你不覺得今天應該花精力把這件事情擺平嗎？」

★男人漠不關心的態度常常是導致老婆突然大動干戈的直接原因。

如果你不想被老婆吵，就最好在她發表評論的時候仔細聽著，可以多向她提出問題，讓老婆明白，你正仔細地聽她在說些什麼。

★你不能總是讓老婆說話。你必須在適當的時候發表自己的觀點。因為女人多數是悲觀的動物，她們會在不斷的述說中逐漸往不好的地方聯想。

不要指望她們能從這種悲觀情緒中自我解脫出來。

你的適時打斷和自我看法的發表才是防止悲情蔓延的良藥。

★當你在闡述自己論點的時候，可以說自己的想法，但是不要對老婆做出過多的批評。尤其不要抹煞她對這個家庭的貢獻。比如「我每天都在外面奔波，而你在家裏卻只懂得享受……」如果你不慎說出了這類話，就等著面對老婆的狂風暴雨吧！

★不要毫無顧忌地說出自己的真實感受，尤其是消極的。比如你對於未來前途的不明確、對家庭責任的恐懼……這些事情可以告訴心理醫師，但是不能告訴你的老婆。因為戲劇經過她們的豐富聯想都會變成悲劇，何況是你的消極情緒？這只會讓她們對未來更加悲觀，進而轉化成為壓力宣洩出來。

★嗓音時刻保持溫柔。當老婆們在訴苦般地抱怨自己所承受的壓力和不快時，如果老公能用自己溫柔而低沉的聲音在她耳邊輕輕說上一句：「親愛的，我完全理解你的感受。」她還能憤怒嗎？可是相反，如果你回應給她的是比平時更高的嗓門、更尖刻冷漠的語氣，威脅的意味就油然而生，更讓對方憤怒。

★看看下面的表格，它會給你更多幫助：

老公的哪些話會 讓問題變得更糟？	應 該 怎 麼 說？
別廢話，這毫無用處！	我希望你能仔細考慮一下， 這樣做能有怎樣的收穫。
你這樣想有什麼幫助？ 完全是在庸人自擾！	好好想想，我覺得這件事應 該這麼考慮……
你實在是幼稚！	我完全理解你的看法，不過 我覺得這樣或許更好……
你錯了！我沒有這個意思。	抱歉，是我沒說明白，其實 應該是……
那樣做不理智！	很好的想法！同時我覺得如 果……就更棒了。
你在曲解我的意思！	我好像沒聽明白，你是說…… 嗎？我的本意是……

冷戰了，我該怎麼辦？

「天啊！上面這些讓局面更糟的話，我好像經常會說。」男子望著說明書詫異道。

在他看來，一直以來都是老婆主動挑起的戰爭，動不動就對自己發脾氣。他壓根就沒想過自己能夠在矛盾發生前做些什麼。看到說明書的分析，男人似乎明白了一些事。

「看來你已經發現了自己身上的問題了。」W博士笑著對那男人說，「我想造成你老婆經常生氣的，應該還有你的大嗓門吧。」

「呵呵，」男人不好意思地搔著頭尷尬地笑了笑，「是啊，她就經常責備我，說我一直對著她吼叫。其實，我當時壓根就沒有吼叫的意思。只是天生嗓門比較大而已。」

「我想，你是不是也該學著溫柔一點的對老婆說話？畢竟她們是女人，作為她們的老公，我們有責任承擔起控制節奏，避免吵架的義務。是嗎？」W博士的話讓眾人一致點頭。

　　「那，如果已經狠狠地吵了一架，而且彼此陷入了冷戰期，又該怎麼辦呢？」W博士身後又傳來了一個年輕小夥子的聲音。

　　「是怎麼回事？」望著這個一頭金色短髮的西方小夥子，W博士問道。

　　「我叫麥克，來自美國。婚姻情況和詹森差不多，」對一邊的詹森笑了笑，麥克接著說道，「不過我的老婆不是本地人，而是英國人。我們是在這裏工作以後認識的，結婚已經三年了。」

　　「那麼，你們目前是為什麼事情而吵架呢？」

　　「是這樣，前兩天我們無意中談到了今年耶誕節該如何過的問題。她希望和我一起回英國去過節。可是以往每年都在美國我父母的家中過，這是我們結婚前就說好的事情。於是我們就為這件事產生了爭執。或許我的態度也不好吧，爭執很快變成了爭吵，而且越演越烈，到最後我們誰都不理誰了。一直冷戰到現

在。」

　　「也就是說，你們已經有好幾天沒有說話了？」
W博士問道。

　　「是的！我很想改變這種現狀。可是每次看到她
看我時冷冰冰的眼神，就不知該如何張口。再說，我
並不是不同意跟她回家過節，只是出於各種因素的考
慮提出自己的看法，她就生這麼大的氣。您說我該怎
麼辦？」麥克問道。

　　「嗯，我建議我們還是來看看說明書給出的答案
吧！」

 症　狀

　　老婆和自己因為吵架陷入冷戰。不再理會自己，
對於一般的道歉行為也不肯接受。

 症狀分析

　　吵架過後，夫妻二人陷入冷戰是常見的事情。這
也可以叫做雙方的冷靜期。如果爭執的問題不大，在
度過冷靜期後，雙方會很快因為注意力的轉移如孩子
的調皮、一部喜劇電影、一頓美味的晚餐消除隔閡，

恢復正常。

　　不過若爭執的問題較大，冷靜期就會被延長成為冷戰期。例如麥克和他老婆所爭執的問題，就是關係重大節日安排的大事，而圍繞這類家庭大事產生的爭吵，往往會給雙方帶來強烈的不滿和委屈。尤其是連續數年都在丈夫家過聖誕的妻子，看到自己回家過節的要求被拒絕，自然會覺得丈夫過分自私、不理會自己希望跟家人一起過聖誕的感覺。儘管對方可能只是在訴說自己覺得不方便的原因，也會被她們認定為「藉口」。

　　或許在冷靜期當中，老婆會覺得自己也有不對的地方，可是礙於面子，她們也寧願把這種過錯加在老公身上──誰叫他到處找藉口；誰讓他在我心情不好的時候還這麼說……這樣去想，她們心裏的罪惡感就降低了，進而理直氣壯地等待著男人率先投降，向自己認錯。

　　如果老公也為了面子拒不認錯，那麼冷靜期就會延長，進而出現冷戰以及夫妻感情的疏遠。最終失去心靈的交流，變得同床異夢形同陌路。

 解決方法

　　面對夫妻之間的冷戰，身為男人，老公們應該首先站出來，用自己的行動化解僵局。當然，這種化解需要技巧，如果你的行動沒有抓住老婆渴望自己理解的要害，反而會讓問題變得更糟。

　　如何抓住要害呢？請參考這樣幾點意見：

　　★首先作為老公，應該在冷靜期裏考慮清楚，如果當時沒有吵架，老婆希望告訴自己怎樣的資訊？例如：她的本意是什麼？她想要什麼？她為什麼會生氣？是我說錯了什麼話？對我們而言，最理想的結果是怎樣？考慮清楚這些問題，老公就能抓住要害消除冷戰。

　　★在發生猛烈戰爭後的一段時間裏，給雙方冷靜的時間。一般是24小時以內。超過24小時，就可以開始著手消除矛盾了。

　　★安排一次冷靜的談話。在談話之前，雙方確定這次的目標是解決問題，而不是擴大矛盾。談話的過程中，每個人輪流提出自己的想法，也可以對對方的問題進行反駁。唯一需要遵守的規則就是不能打斷對方的說話。一旦某一方情緒再次出現激動，立刻停止

對話。

　　★如果老婆不願跟你對話，或者在忙於別的事情無暇顧及。可以借助信紙、電子郵件的幫助，把自己的真正想法告訴對方，文字比語言更具有邏輯性和理性，更容易表達出你的見解。

　　★善於說對不起。這三個字是消滅冷戰的最佳武器。老婆不理你，無非是在等你的道歉。只要誠懇地向她說對不起，然後尋找克服問題的方法，就可以很輕鬆的讓夫妻關係回暖。

　　★別忘了，道歉只是手段。解決麻煩才是目的。道歉以後，你們還是要在一起探討解決方法。例如，表現出你對妻子的理解，以你這段時間裏你所思考對之前提出的所有問題的解決方案。例如如何請假、在什麼時候能夠買到便宜的機票、還有應該帶怎樣的禮物給老婆的父母。

　　★在老婆釋然的同時，也說出你對她的期望。出於補償心理，她通常會答應你此時的要求。比如作為回報，第二年的感恩節和你回美國。

03 老婆太忙不理我

「對啊，我怎麼沒有想到用電子郵件的方式！」麥克恍然大悟，「我今晚回去就借助這種方式告訴她我的真正想法。」

「你還好啊，至少老婆還肯跟你吵架，我就慘了，老婆連跟我吵架的時間都沒有。」麥克剛說完，他身旁的一位白領打扮的男子苦笑不堪。

「為什麼？你們之間的問題，比我們還嚴重？」麥克奇怪地問道。

「沒有。可以說我們之間很少有衝突。」

「既然如此你還不知足？你難道不知道我們多麼渴望沒有爭吵的夫妻生活嗎？」之前那個嗓門很大的男人詫異道。在場的其他人也紛紛表示同意。

「唉！」白領男子苦嘆一聲道，「你們不瞭解。

我是真的羨慕你們能跟老婆吵上一架。方式雖然有點偏激，畢竟是在相互進行溝通，可是我跟老婆之間的溝通卻已經呈現極度匱乏狀態。」

「是你們感情不好？」有人問道。

「我們之間的感情一直很好，而且生活中雖有小的摩擦卻都很快能夠解決。可是自從去年老婆被提升為業務總監，一切就都改變了。由於工作繁忙，她開始每天早出晚歸。通宵加班更是家常便飯，此外她還經常到處出差，整整一年，我們能一起相處上一整天的時間不超過一星期。平時就算想找她商量個什麼事情，她不是在開會就是在通往開會的路上，就算想吵架，也找不到人啊！」

「兄弟，我真同情你！」聽完他的訴說，麥克拍了拍他的肩膀。

「不用擔心，我相信你的困惑也能像我們之前提出的那些問題一樣，得到滿意的解答。對嗎？」大嗓門一邊安慰白領男，一邊朝W博士望去。

「嗯，也就是說，你覺得老婆太忙碌，希望知道自己怎樣才能和她增加溝通，是嗎？」W博士總結道。

「基本上，是這樣的。」白領男點了點頭，「我

覺得再這樣下去，婚後生活和我之前的單身生活沒什麼兩樣，甚至還不如以前那麼輕鬆。」

從他眼裏，人們看到了一種決心。

W博士說：「先別急著做出結論。就像我剛才對詹森說的那樣，至少你應該盡自己的努力去改變現狀。相信我，最好的方法決不是離婚。難道因為人生病了，就要棄置不顧？老婆也一樣，有了問題，我們完全可以去『修理』一番。」他指著白領男手上的說明書接著說道，「來，年輕人，我們一起看看有什麼好的處理方法吧！」

症　狀

老婆工作太忙，完全無法顧及老公的感受。或者她本身就是一個工作型女強人，家庭在她的眼裏，永遠排在工作之後。

症狀分析

夫妻之間，很少有雙方工作時間完全一致，收入完全一致的情況。一般來說，都是一方會比較忙一點，而相對輕閒的一方，則會負責在工作之餘照顧家庭。

通常較為忙碌的都是男方，老婆的工作重心自然是放在家庭之上。這種情況在日本這類夫權主義特別強盛的國家最具代表性，他們的婦女在結婚後，往往會放棄工作，做專職主婦在家相夫教子。

多數國家雖然沒有如此極端的表現，但一般都遵循男主外，女主內的規則。即便如此，在男人忙碌於工作的時候，老婆們也會常常覺得丈夫不關心自己，有一種孤獨感。而當角色調轉，老婆比老公更忙的時候，在常規孤獨感之上，男人們更有一種自卑心理在作祟：覺得堂堂七尺男兒，竟然在事業上不及老婆，會被人恥笑等等。這就讓老公們的孤獨、不滿感比老婆更強烈。

更重要的是，由於老公在家的時間更多，家務事便順理成章地成為了他們的責任。久而久之，難免會被人笑為「家庭主夫」。這對於老公來說，未嘗也不是一種心理壓力。

面對老婆的忙碌，如果只懂得發牢騷、生悶氣等形式表示反抗，那未免也太缺乏手腕了。污辱了男人的智慧。如果你希望自己的家庭恢復到和諧美滿的狀態，就得先弄清老婆忙碌的原因再作打算。

老婆的忙碌，通常有兩種情況：

由於老公收入欠豐，為了能讓全家物質生活更舒適，不得不努力工作。

家庭條件不錯，衣食無憂。但是老婆酷愛自己從事的工作，不願意因為家庭而放棄。

解決方法

針對兩種不同的情況，老公應該選擇不同的策略，方能達到「藥到病除」的目的。

如果老婆是為了豐富家庭收入，提高生活品質而奔波。你應該選擇柔情戰術：

★告訴老婆，你很內疚，同時很心疼她，希望她稍微輕鬆一些，避免身體過渡疲累。

★和她一起分析整個家庭的日常開銷和收入，讓老婆明白，全家的條件還算不錯，不用那麼辛苦賺錢。因為很多人在工作的時候會陷入為賺錢而賺錢的陷阱，所以及時看清道路很有必要。

★在安撫老婆的同時，自己也要更加努力工作，可以利用業餘時間兼職。讓老婆相信你作為男人，可以支撐家庭的責任。你的責任重了，她的壓力當然就

較為輕鬆些了。

如果老婆屬於是工作狂或女強人，把家庭、愛情都排在了工作之後，你可以採用以下策略：

★同樣先以柔情策略，告訴老婆你心疼她的身體，家裏不缺錢，沒必要如此拼命。如果生病了，付出的代價遠遠大於工作的獲得。

★理解並嘗試著去融入到她的工作中。例如主動給她的設計提出一些建議、幫助她分析產品銷售管道，或者利用業餘時間跟老婆一起去視察銷售商的情況。努力成為她的工作夥伴，不僅會增加你們之間的交流，也會讓老婆覺得你是個可以依靠的男人。但是需要注意的是別喧賓奪主，畢竟你是輔助角色，如果過分插手她的工作，則會讓老婆更加不願和你溝通。

★如果上述兩種方法都行不通，你就可以採取些手段了。比如找個時機出趟長差，堂而皇之地停掉「後勤支援」，讓她在習慣了你的付出後，突然發現沒有你的日子，家庭的味道淡了許多。畢竟無論多麼強勢的女人，都有母性的本能存留在體內。只要把她們重視家庭的潛意識誘發出來，老婆便會逐漸開始對家庭眷戀起來。

04 帶著老婆去應酬

‧ ‧ ‧ ‧ ‧ ‧ ‧ ‧ ● ● ● ● ●

「你老婆屬於哪種類型？」看完解決意見，還沒等白領男說話，麥克首先問道。

「她……應該是第二種，太愛工作了。她的工作就是負責產品行銷，而老婆又是個熱衷於交際的人，所以對工作比對家人還親。」白領男無可奈何，「要是她不那麼愛交際，或許也就沒那麼拼命了。不過無論如何，我還是要借鑒說明書裏的方法，回家試驗一番。」

「你覺得老婆不愛交際應酬就好了？我可不這麼想。」白領男說完話，他附近的一個男子立刻表示了反對。

「怎麼，你老婆也有讓你不解的問題？」白領男問道。

「是啊，我老婆恰好跟你老婆相反，她就是太不愛社交活動了。整天下班後就呆在屋裏上上網或者看看電視、影片什麼的，哪也不去。」那個看起來挺年輕，結婚時間應該不長的男子說道。

　　「這樣就有時間好好陪你，這不是挺好嘛！」白領男撇撇嘴，「別身在福中不知福了。」

　　那男人說：「就像你剛才在抱怨他們吵架的不知滿足一樣，我還覺得老婆交際應酬是件好事呢。只要不太過分就行了。老婆要是每天都只待在家裏也讓人煩心。」

　　「怎麼回事，說來聽聽？」從問過自己問題後就一直在旁邊沒有說話的黃先生終於沉不住氣，問道。

　　「你們想，她每天呆在家裏不出去，自然就會要求我天天在家陪她。而我是個喜歡和朋友交往的人，如果我出去和朋友吃飯喝酒沒有陪她，她就會對我發脾氣。就算她心情好，准許我出去，老婆也會規定我回來的時間，超過這個時間，很可能連家門都進不了。」男人沉默了幾秒，接著說道，「而且最近我發現，她的脾氣似乎越來越古怪了。動不動就發脾氣，就連找不到自己的水杯都要大吼大叫。真讓人擔心！」

在他們討論的時候，W博士一直在一邊傾聽而沒
有說話。他覺得目前的形勢很好，因為整個大廳的氣
氛顯然已經融洽起來了，人們沒有了最初的拘束，交
流起來更順暢，討論的氣氛更熱烈，問題也就順理成
章地被提了出來。自己也可以不用再設法控制場面，
只需要在一旁靜靜地聽他們談話就好。

正想著，手裏的一陣輕微震動讓他意識到男子已
經向說明書提出了自己的問題。W博士便翻開了下一
頁，和周圍的男士們一起尋找解決這個問題的答案。

老婆性格較為內向甚至孤僻，朋友較少，也不喜
歡社交和外出遊玩。在家的時間，總希望老公能陪在
身邊，如果老公外出交際應酬，自己就會設法阻撓，
或者限定回家時間。此外還經常因為老公和朋友聚會
而生氣。

人是群居動物，不能離開群體獨自生活。無論性
格多麼孤僻和內向，都希望能擁有一群好友。不過或

許是因為她們不知道應該怎樣去跟別人交流，又可能是由於害怕溝通失敗被人笑話，還不如下班後窩在家裏看電視來得輕鬆。畢竟在家還有老公的陪伴，日子也算不上孤獨。

　　長期如此，老婆對於老公的依賴便不斷加深。當老公需要出門和朋友、同事應酬社交時，老婆的孤獨感便油然而生，雖然無法大張旗鼓地不許老公外出，卻會在潛意識裏抗拒這件事，進而編出各式各樣的藉口如自己不舒服來阻撓對方的外出。一旦阻撓不了，便又會強制性地要求回家的時間，以達到讓他隨時陪在身邊的目的。當然，如果定時回家這招還不管用，唯一剩下的方法就是大發雷霆了。

　　這樣下去顯然對老婆的心理極度不利，長期的社交匱乏，會讓她與人溝通的能力進一步降低。如果老婆在公司上班倒還好，對於那些每天在家工作的SOHO一族，症狀會更突出，變得越來越不喜歡跟他人溝通。老公雖然能陪伴自己，但面對某些事情，畢竟不像旁觀者那樣能給出最客觀的解讀。

　　在夫妻吵架的時候，這類情況也很棘手。如果有好朋友或知己，說不定對方的一句勸慰就可以讓矛盾

平息。可是缺乏社交的女性難有這樣的機會。一旦產生衝突，老婆的孤獨感同樣也會成倍累計，造成情感無法渲洩。我們知道，女性很擅長假設悲觀，此時她們甚至會覺得全世界都不關心自己，於是選擇離家出走等極端方式對老公表示抗議。

解決方法

不論老婆太愛社交還是太不愛社交，都是一件麻煩事。對於外向的老婆，我們很容易讓她們變得沉穩一些，慎重選擇社交場合。而對於內向的老婆，要讓她們敞開心扉，多接觸社會，難度比前者大很多。

儘管難度很大，可身為老公，還是應該想辦法嘗試一下。下面幾點建議就是給你的解決方案：

★帶你的老婆加入你的社交圈，也就是說，如果你要出去玩，最好把她也帶去。當然，必須遵守幾個前提：參加聚會的朋友都有家室，而且不算花心。如果有單身、花心的朋友，你老婆可能會擔心你被這些朋友帶壞，反而增加麻煩，所以慎選場合及朋友很重要。

★值得注意的是，在帶老婆進入自己的社交圈時，最好考慮清楚有沒有不願讓她知道的問題。例如和前

女友的愛情故事。或者提前跟朋友打好招呼，避免提到此事。或者乾脆向老婆坦白。如果她融入你的圈子以後突然得知你曾經隱瞞的事情，你會後悔自己居然有讓她擴大社交圈的念頭。

★鼓勵老婆擁有自己的社交圈。或許老婆之前還是有幾個朋友的，但是為了你，她可能逐漸疏遠了與過去朋友的聯繫，把重心都放在了老公的身上。這時，如果你只為了自己的社交忽略了老婆，她當然會生你的氣。所以不妨多提醒她和過去的同學、同事、朋友聯繫一下。要是他們之間有什麼聚會，也不妨建議老婆去參加。如果可以，自己最好也陪同老婆一起出席。要知道，老公和朋友同時在身邊，對於老婆來說是件很愉悅的事情。尤其是你能和她的朋友也成為朋友的話，一切會更順利。

★把自己認識的性格較好，容易與人溝通的女性朋友介紹給老婆。女人和女人之間可以成為很好的朋友。如果能把她們培養成為好朋友就更好了。她們的關係緊密，在你和老婆出現衝突的時候，她往往會站出來替你們化解問題。不僅豐富了老婆的社交圈子，還能幫她疏通開導，解決家庭危機，一舉兩得。

05 老婆老媽是冤家

「唔，我覺得『解決方法』中的第二點說得很好，太有啓發性了！」提問的男子不住地點頭道，「本來我有打算直接把老婆拉進自己的社交圈。現在看來，還不能著急，得做一番安排才行。」

「這麼說，你這傢伙有隱情啊？」麥克顯然就是那種擅長和別人打交道的人，不一會，已經跟他熟絡了起來，笑著說道。

「呵呵，」那男子不好意思地點了點頭，「其實也算不得隱情。就是像剛才說明書裏寫的那樣，認識我老婆以前交往過一個女朋友，跟我那群朋友都挺熟的。只是分手很久了，也就覺得沒必要告訴老婆。你也知道，女人總是喜歡對你過去的事情糾纏不清，讓人心煩。」

「就是！有些事情，還是別說出來好。你要是坦白了，後面的日子就不好過了。」詹森顯然深有感觸，忙說道，「我以為東方女人再怎麼保守，也不會傻到跟一個不存在的女人爭風吃醋。現在看來是我太天真了。自從我告訴老婆自己以前女友的事情以後，她就不斷地追著我問，甚至還懷疑我另有隱情。真讓我太鬱悶了！現在想起來，老婆不願意完全配合我，恐怕也有這方面的原因在內。」

「對！所以我才說，現在要暫緩計畫了。還是先準備好了再說。免得把情況弄得更糟。」剛才提問的男子說。其他人紛紛點頭表示同意。

「其實我覺得家庭生活裏，最讓人煩惱的事情不是老婆是否跟你吵架，是不是太忙碌，也不是她的社交面是否很廣。而是要命的婆媳關係。老婆跟老媽，簡直就是水火不相容的一對。」正當上一個問題逐漸進入尾聲的時候，有人提出了新的困惑，「因為我家裏有兩間房子，結婚以後，父母想安排我們搬到另一間房子裏住，那裏房子雖然新一點，但位置較偏遠，而且也是十多年的老社區了。老婆不同意，她覺得既然結了婚，就應該在捷運附近買一間新房子。為這件

事情，老媽和老婆一直衝突不斷。最後還是我用那好幾年的積蓄加上銀行貸款才買了新房子，這才算平息了紛爭。可是她們之間的關係卻似乎永遠都修復不起來了。」

他的話也引起了在場很多人的共鳴。

「你說的很對。我媽就跟我老婆總是吵架。讓我這個兒子夾在中間很難處理。」

「就是！我老婆週末喜歡睡懶覺，老媽就愛早起，打掃家裡的時候常常會吵得老婆睡不著覺。為了這點小事他們也都能吵起來。」

「沒錯，我老婆也是，吃什麼菜、看什麼電視、請什麼朋友到家裏來……這些問題在她們那裏也能成為衝突的原因。」

……

一時間，整個大廳又是怨聲鼎沸。

麥克、詹森幾個外國人倒是沒說話，他們只是覺得不可思議，怎麼這裏的人結婚以後居然還會跟父母一起住？只要分開住，不就什麼事情都沒有了嘛！他們哪裏知道，在這個收入遠不及美國等地的國家，擁有一間房子對於很多人來說還不太容易。所以結婚後

和父母同住的夫妻並不占少數。

　　W博士笑著揮了揮手，示意大家暫停討論。見房間恢復了平靜，他說道：「婆媳關係，在我們這個東方國度自古以來都是難題。要想把這種關係梳理清楚恐怕不容易。不過既然有人提了出來，不妨看看說明書能給我們帶來怎樣的幫助吧。」

症　狀

　　老媽和老婆關係冷淡甚至對抗，常常為一件小事陷入爭執，而且每有爭吵，必定會將兒子/老公這個有著雙重身份的人拉出來，責問他站在哪一邊。這成為了夾在中間的三明治男人最難以忍受的麻煩。

症狀分析

　　婆媳之前的不良關係，原因肯定不是單方面的。至少有三方面的因素導致了這種糟糕狀態：

　　習慣因素：長輩和年輕人的生活習慣截然不同。前者傾向於穩定、保守、勤勞。多習慣於早睡早起，勤於家務，閒暇時多在安靜的氛圍下度過；年輕人則崇尚自由隨性，假日晚睡晚起是正常現象，家庭衛生

清潔非迫不得已絕不動手，相對更喜歡熱鬧的場合⋯⋯這一堆習慣上的差異，讓婆婆和媳婦各自看對方都不太順眼。

權利因素：一山不容二虎，結婚以前，家裏的內部事務通常是由老媽說了算。而結婚以後，多了一位女主人，自然會出現「爭權」的現象——老婆覺得老媽觀念太老了，處理家庭事務的時候喜歡用自己的方式行事。婆婆就會覺得自己在家裏的主導地位受到了衝擊。

如果涉及到經濟利益，矛盾就會急劇惡化。尤其是在兩個性格都比較強勢的女性之間，矛盾會尖銳到無以復加。

獨佔因素：媽媽對兒子的感情有時會超過對老公的感情。眼看自己的兒子長大成人、結婚並過著自己的生活，她們在感到欣慰的同時，也會覺得媳婦的出現把兒子從自己的身邊搶走了。

雖然這種「搶奪」順理成章，讓老媽無可奈何，可是畢竟會覺得心裏不平衡，並無意識地反映出來。例如給媳婦臉色、或在兒子面前數落對方的不是。如果看到兒子對媳婦言聽計從的樣子，心裏會更不爽。

有意無意地挑起婆媳衝突。

解決方法

　　婆媳之間有矛盾，最倒楣的還是兒子／老公。他們似乎在這種矛盾當中永遠處於兩頭受氣的局面。老媽責怪兒子不孝，老婆責備老公不袒護自己。男人就算好話說盡，也扭轉不了糟糕的局面。

　　難道，老婆和老媽之間真的無藥可救了？

　　當然不會！儘管婆媳問題很普遍，但依舊有不少家庭維持著和平的關係。他們又是如何做到的呢？其中，男人們的巧妙周旋自然少不了：

　　★在兩者之間互說好話。經常以老媽的名義給老婆買點她漂亮的衣服、首飾、化妝品，讓老婆覺得婆婆是關心自己的；同時多以老婆的名義給老媽購買保健品、點心等禮物，讓老媽也覺得媳婦時刻掛念著自己。

　　★多說些好聽的話。老人總是喜歡兒女嘴巴甜一些，多說好聽的話，她就會用自己最和善的一面去對待媳婦。人總是相輔相成的，你敬我一尺，我尊你一丈，如此下去，二者關係豈有不好之理。

★即使夫妻在外面住，也經常抽空回家看看。如果沒法保證回家的頻率，至少也要一星期打兩到三通電話回家問候。讓老媽知道兒子沒有因為老婆忘記自己。這樣她也就不會對老婆有強烈敵意了。如果在電話裏多說說老婆如何掛念，她老人家的，還會讓老媽更高興。

★雙方父母之間的利益糾結也是造成婆媳矛盾的焦點之一。作為老公和兒子，你應該儘量避免兩家有怎樣的經濟來往。如果必須要有，也要做到公事公辦。不要把利益和感情掛鉤。

★在重視老媽的同時，不要輕視妻子。多和老婆溝通，告訴她母親如何辛苦把自己培養成人，讓自己能有現在安穩舒適的家庭。

透過親情的渲染，讓老婆對老媽心生感激。畢竟女人是感性動物，只要你把情緒渲染得好，她一定會被感動。

06 老婆的「知心朋友」？

「婆媳問題對於我們東方人來說，確實很棘手。」見大家都已經閱讀完了說明書裏的內容，Ｗ博士總結道，「但每個人面臨的具體問題畢竟是完全不同的。我們只能以此為啟發，結合自己的情況選擇消除衝突的方法。當然，我認為最好的解決辦法就是結婚後不要和父母住在一起。畢竟我們已經有了自己的家庭和婚姻。況且同在一個屋簷下，感情再好的人也會有摩擦，更何況是兩個女人呢。」

「兩個女人之間的問題還不算什麼，依我看，一個女人和兩個男的問題才更嚴重。」聽完Ｗ博士的總結，有人說道。

說話的這個人大約30多歲，西裝筆挺，短短的頭髮顯得很有精神，皮鞋也擦得十分亮潔。手腕帶著歐米茄限量款紀念手錶，看樣子也是一位職場高階主管。

不過，W博士卻從他精幹的外表下看到了一絲疲憊和灰心。尤其是當這名男子提到一個女人和兩個男人這樣的話題時表現出的淡淡憤怒，更讓他相信，對方一定有一個難以解開的心結。

「能否把你的故事，說得詳細一些？」W博士問道。

讓他感到意外的是，男子在這種敏感問題上，並沒有表現得很扭捏，直接就將自己的故事吐露給了所有人。

男人姓李，自己創業經營一家服裝加工廠。生意很不錯，代價就是十分忙碌，常常不在家。他和妻子結婚8年了，雖然談不上親密無間，卻也一直相敬如賓，從沒吵過架或有什麼大爭執。然而最近幾個月以來，李先生卻從朋友、鄰居那裏聽到風聲，說自己的老婆和一名男子走的很近，兩人經常一起出入高級餐廳、戲院。

李先生立刻找人秘密調查，發現老婆確實經常跟一個男人一起外出。而這個男人，正是幾個月前老婆參加同學會時聯繫上的當年國中的同班同學。

自己的老婆有了外遇？這是得知確切消息後，李

先生的第一反應。然而從老婆那裏，他卻沒有發現任何異常的表情。請人深入調查的結果，也僅限於一同進餐，觀看演出等普通活動。並沒有實質性的發現。

儘管如此，李先生仍舊不放心。如果只是普通朋友關係，兩人走得也未免太近了一些吧。而且他每次試探著詢問老婆行程的時候，她也總是以「和朋友聚會」或「跟老同學逛街」之類的說辭含糊帶過。既然沒有做虧心事，幹嘛要含糊其辭？李先生越想，越覺得兩人之間關係不簡單。

可就在這時，李先生派出去調查他們的人不知為什麼竟然被老婆給發現了，面對老婆怒氣沖沖的質問，李先生覺得很委屈：明明是你和別的男人曖昧不清，怎麼自己反倒成了受指責的一方？

「所以，我希望從說明書裏得到答案，當老婆和別的男人走得很近的時候，身為老公的我改怎麼辦？」李先生對說明書問道。

幾秒鐘後，他翻到了新的一頁。

症　　狀

老婆和別的男人關係不尋常，卻沒有確切地證據

表明她紅杏出牆。老公既不能大張旗鼓的表示反對，
又不能視而不見。

症狀分析

　　男人和女人之間的關係很複雜，除了陌生人、朋
友、情人之外，在朋友和情人之間，還存在著一種「超
友誼」的情況，就是比一般朋友更加親密曖昧，卻還
未成為公開的情人、戀人。

　　一般來說，男人愛稱自己的這種「超友誼」女友為
「紅顏知己」，而對於女人來說，對方則是「知心朋
友」。抱有這種感情的男女，雖然沒有肉體關係，卻
有著更甚於肉體伴侶的情感交流。其曖昧程度不言而喻。

　　之所以會有這樣的情感階段，最常見的原因就是
雙方相互愛慕，卻各自擁有完整的家庭。為了不背叛
家人和道德操守，於是便將感情停留在精神之上，雙
方都在盡力約束自己不越雷池半步。

　　有一個知心朋友，對於女性來說或許是另一種情
感的寄託——當她們在老公那裏受到冷落，或產生衝
突的時候，可以從他這裏得到安慰和勸導。她們甚至
還能透過知心朋友，瞭解同為男人的老公的想法。很

多面對老公無法啟齒的事情，她們可以毫無顧忌地對知己提起。這也是一種情感宣洩的途徑。

儘管有心理疏導方面的好處，但這種超友誼的感情仍舊是危險的。雙方對界限的把握，僅僅來源於自己的理智。對於男人而言，他們更在乎肉體上的交流。絕少有人會完全真心地堅持和紅顏知己保持清純情感。當他們獲得了對方的絕對信任後，就可能伺機尋求機會誘惑女方，一旦在情緒激動、亢奮的時候，肉體慾望戰勝了理智，知己就會變成情人，互相成為破壞對方家庭的第三者。很多婚姻的破裂，正是由於其中一方在處理超友誼關係上還不夠成熟所致。

解決方法

治心就如同治水，疏通的功效遠遠勝過防堵。李先生的老婆，顯然還處於和知己的精神交流上，並沒有超越道德界限。因此大可不必如此緊張。要消除潛在的家庭危險，作為老公而言，最好的方法就是迂迴作戰：避開她和知心朋友的曖昧關係不談，從老婆的情感疏導開始，多從心理上關心她，爭取敞開她的心扉，讓自己取代知己的位置。

　　★多抽出時間陪伴老婆。女人往往害怕孤獨，閨密也不能代替一切。如果老公不能陪在身邊，自然會去找另外一個男人陪伴自己。

　　★想辦法製造乏味生活中的驚喜。多點小小的驚喜，可以完全改變整個婚姻狀態。尤其是對於那些已經結婚已久的夫妻，避免七年之癢、八年之痛的最好方法就是製造驚喜。一個小禮物，一次小小的旅遊，都能讓夫妻關係煥發青春。至於那些越過越平淡的家庭，完全是老公太木訥，不懂調情。老婆跟別的男人曖昧，也是他咎由自取了。

　　★偶爾和老婆玩一玩「角色扮演」。互相設定為對方的情人，約在餐廳、酒店等地方來一次小小的「偷情」，即能讓老婆地體驗刺激，又可以保證婚姻安全。

　　★如果你覺得「角色扮演」無法接受。可以在睡覺前，引導老婆暫時拋開自己老公的身份，讓她把你當作一個局外人，和你探討婚姻和情感。說到關於你的所有問題時，都以「他」代替，幫助你從兩人關係中超脫出來，站在客觀的角度去評析。當然，前提是老婆提到「他」的種種缺點時，你不可以生氣。要保持理智、冷靜地分析。有了這樣的宣洩出口，老婆還

有什麼理由去找知己呢？

　　★特別強調一點，發現老婆和別的男人走的太近
時，不要去火上澆油。當然，如果你想儘快和老婆分
道揚鑣，不妨借助吵架、冷戰、離家出走等方式把她
推向那個「知己」。

女人都是財政部長

財 務 篇

不少人有這樣的感覺：結婚之前，收入雖然不算富裕，
但是生活還算過得輕鬆自在不愁吃穿，有時還能跟朋友去
餐廳、百貨公司、KTV、PUB「狂歡」一番。
可是自從結婚以後，生活水準一落千丈。不僅少了很多和朋友一同
聚會的時間，甚至經濟拮据到吃個午餐都要考慮半天的地步。
倒不是薪資縮水了，而是家裏多了個「財政部」——
每月收入都上繳老婆大人，日常開銷外的所有消費全仰仗
自己那點零用錢，當然能省則省了。
老婆嚴把家庭財務，老公應該怎麼辦？本篇可以給你一些提示。

01 老婆的理財功能

解決完婚姻和家庭的問題，W博士這才發現時間不覺已經過了一小時。他原本是想大家都聊得差不多，氣氛也比較熱烈的時候，就把所有人分散到各個房間，坐下來聊自己感興趣的話題。不過似乎大家都更喜歡在一起的感覺，都願意擠在大廳裏暢談關於老婆的經驗。

不過站了一個小時，大家也不免有些疲倦了，於是W博士便讓人找來椅子供大家休息。讓男士們能坐下來討論新的問題。

而新的篇章，正是很多男人最關心的——老婆和家庭財政的關係。

「說得太好了！」看到這篇序言，很多男士都表現出了感同身受的樣子。

　　「我老婆就總喜歡把我的財物管理得死死的，因為她不准我開車，所以我上下班或者外出公差都趕公車。有時急著去見客戶，不得不坐計程車時，也必須斟酌半天。」第四個提出問題，說自己老婆總喜歡管自己的那名男子再次發話。

　　跟上次不同的是，這次有人笑了。

　　不過笑的那人也說了自己的遭遇：他老婆更狠，把老公收入管得死死的，每月發薪日若不及時上繳或繳納金額不及上月，就會仔仔細細地追查到底，比特偵組還嚴格仔細。

　　一般老公即便上繳薪水，也會留下一部分作為社交基金，以備不時之需。可是他老婆嚴防死守，從薪水獎金到加班費，無一不在她監控之下。弄得堂堂一個大男人，不管做什麼事都要找老婆要錢。

　　「你至少還有上下班和外出時坐車的錢，我連買菸都要申請，鬱卒啊！」男人長長地歎了口氣。

　　「我真弄不明白，為什麼結婚前，她們似乎並不在意你花掉多少錢，而且男人在她們身上花得少了，她們還會覺得對方不夠愛她。一旦結了婚，一切卻都變了呢？對於老婆們這樣的轉變，我們應該如何應

對？」一番熱烈的討論後，有人總結了一下，向說明書提出了新的問題。

症　狀

　　老婆掌管家中財物大權，老公用錢自由完完全全的被限制。

症狀分析

　　有調查顯示，全國有65%的家庭都是老婆負責全家財政。由老公全權負責家庭開支的比例僅為20%。另外15%的受訪家庭是雙方共同掌管開銷。顯然，絕大多數家庭都習慣於由老婆負責家庭財政大權。

　　老婆管錢，這有一部份因素是「男主外、女主內」的傳統思想在家庭中的表現。更多的，則是女人天生對理財的敏感。她們普遍心思細膩，擅長精打細算。尤其是對於家庭觀念較重的老婆來說，家庭責任感讓她義無反顧地將財政大權納入自己的權力範圍之內。

　　這樣做，對男方自然有好有壞。好處就是老公們可以不用操心柴米油鹽等家庭瑣事，專心地工作、賺錢。不用考慮很多瑣碎的事，這也給他們減輕了不少

責任。

　　壞處自然是用錢受到了管制，沒辦法再像以前那樣毫無顧忌地參加朋友聚會或隨心所欲地購買自己想買的東西。但這也可以節約一大筆家庭支出，避免老公在外進行不必要的消費。

　　當然，老婆管帳固然利大於弊，可這只是在一個範圍內而言。如果老婆管得太死，就連正常開銷都無法保證，勢必會嚴重影響老公的工作和家庭的生活。有的老婆管錢管到就連給公公婆婆買點禮物都不願意，這當然會讓老公極度不滿。而且男人在外工作，勢必會有交際應酬，如果不能保證正常的社交活動，很快他就會被踢出人際圈子，很難在社會上有立足之地。

　　這類性格極端的老婆，多是由於對錢財的執念或聽信朋友間盛傳的諸如「男人一有錢就變壞」之類的謬論才會有如此偏激的行為。而這種殺雞取卵、飲鴆止渴的方法，也容易讓夫妻關係一落千丈。

 解決方法

　　老婆管錢，只要不過份，並不見得是壞事，沒必要有什麼不滿。如果身為老公，你還是覺得不舒服，

不妨嘗試一下下面的幾個方法：

★從調節不平衡的心態，告訴自己，老婆管錢，就相當於給你免費聘請了一位理財專員。她不僅能幫你克制不必要的開銷，還能幫你承擔由管錢而衍生的一系列瑣碎家務。例如一家人的吃穿住用、繳還房屋汽車貸款、水電雜費、孩子教育費用、老人健保醫療費用……天啊！這要是讓你來負責，是多麼浪費精力和時間的一件事！

★如果你覺得自己負責財政的能力比老婆強，而老婆卻並不認可。可以同她商量，達成協定，每人負責一個月，輪流執政。看誰的理財能力更強，以後家庭財政就交給誰管理。

★和老婆約定，自己的錢自己管，每年或者每月雙方各自從薪水中拿出固定資金作為家庭共同基金，應付諸如房貸、水電等固定開銷的家庭開支。剩餘的錢自行支配。這樣既保證了家庭的必要開銷的儲蓄，也給自己帶來了更多的財務自由。事實上，許多年輕夫妻都是採取這樣的方法管理家庭財務，效果相當不錯。

★如果老婆執意不肯交出財政大權，只可能是她

對你並不信任。例如擔心你有了錢在外流連風月場所。因此，設法讓老婆信任自己，是解決問題的唯一方法。你可以要求更多一點的「零用錢」，同時儘量縮減開支，讓老婆看到你不會亂亂花錢，一點點地加深她對你之於財務的信心。這樣，一切都會好辦得多了！

The
Wife
Instructions

背著老婆藏私房錢

「自己的錢自己管,這個方法很不錯啊!」有人欣喜道。

「就是,這樣各自都有足夠的開銷,也可以保留下足夠的家庭基金。大不了基金歸老婆統一管理,跟自己的收入分開,既利於分析家庭收支,又不會讓我們男人背負太大的心理壓力。」有人附和。

「沒錯!老婆一手遮天太讓人壓抑了,弄得我現在都不敢跟朋友一起出去聚會。看來有必要回家以後就和她嚴肅討論一下財務的管理問題。」另一名身穿銀灰色西裝的男子說。

「恐怕沒那麼簡單!」坐在他身邊的一位穿著休閒襯衫和淺灰色西褲,戴著黑邊眼鏡的男子冷笑了一聲,「就像說明書裏說的那樣,有些老婆是很頑固的。

她們沒那麼容易就把財政大權轉移到你的手上。」

「可是，總得嘗試一下啊。就算是一個比較漫長的過程，一點點地去改變現狀，總比什麼都不做好。」西裝男反駁道。

「你誤會我的意思了！」眼鏡男說道，「我們當然要嘗試！要努力去改變現狀。肯定不能一直這樣連坐捷運的錢都要向老婆申請。」

他略微頓了頓，接著說道，「只是，你也知道，這必然是一個漫長的過程。可能需要2個月、3個月甚至更長時間的表現，才能逐漸增大我們自己的財政支配權。可是我們在這段時間裏呢？不能一直都處於身無分文的狀態吧？那樣，我們會失去多少社交的機會？又會丟掉多少面子？」

隨後，眼鏡男說了一件前幾天才發生在他身上的事情……

眼鏡男以前的同學結婚，他被邀請前去參加婚禮。因為身上完全沒錢，於是便向老婆申請幾千塊錢的禮金。結婚的人是自己過去很好的兄弟，現在也一直保持著聯繫，於是他原本想包個6千塊，結果老婆大人不同意，只批下來2千元。眼鏡男心理十分鬱悶，卻沒辦

法。送禮金的時候，眼看別人手裏的紅包頗為「豐厚」，自己把乾癟的禮金遞過去的時候，他覺得心理很不舒服，婚宴上也一直悶悶不樂。宴會上雖然同學很多，可是他玩得並不盡興。結束以後，有人提說大家一起出去接著玩，畢竟有不少人都是許久未見面了。這個提議得到了所有人的贊同，除了眼鏡男。因為此時他身上的錢只剩下回家的車費，雖然心理很想和同學聚聚，可是最後還是找了個藉口在眾人的目光中倉皇逃回了家中。

　　這件事帶給他的刺激很大，也讓他深深覺得老婆管帳的弊端。儘管屢次提及，可是老婆卻並不在意，依舊我行我素。

　　「再這樣下去，不光同學聚會要把我排除在外，恐怕就連同事聚會、朋友聚會我都不要參加好了。」眼鏡男說道，「所以，我們不能等老婆逐漸改變。」

　　「那你的意思是？」西裝男覺得對方說得也有一定道理，問道。

　　他們兩人的爭論已經吸引了大廳所有人的目光，大家都集中注意力，望著眼鏡男，想聽聽他的想法。

　　「唯一的方法，就是要另存個私人帳戶。因為男

人的身上真的不能沒有錢。」眼鏡男說道。

「不用你說我也知道。可是怎樣才能存到私人帳戶？老婆每月都要檢查薪資單，而且嚴禁私藏收入。如何能留住足夠的資金？再說，就算藏，怎麼才能不被老婆發現？難度未免也太大了吧！」有人問到。

「沒錯！我最近也一直在考慮。問題是，開闢自己的私人帳戶勢在必行。你總不想重蹈我的尷尬遭遇吧？」眼鏡男嚴肅地說道。

一時間，大家無言以對。因為每個人都知道，男人若真的是身無分文，無論在哪裡，後果都很慘很慘。

「站在男人的立場上，」許久沒有發言，一直傾聽著眾人討論的Ｗ博士終於說話了，「我很支持你們的想法。」

「不過請注意，」他接著補充道，「解決問題的根本方法還是要努力取得老婆們的理解和支持。然而在此之前，私人帳戶倒是可以成為老公們的權宜之計。至於如何設立私人帳戶而不被老婆發現，我想這本老婆使用說明書也能給你們一點提示吧？」

「真的？那太好了！」眼鏡男一聽，迫不及待地向說明書提出了問題——如何在老婆的嚴密監控下成

功建立私人帳戶？

症　狀

　　老婆管錢管得太嚴，男人希望在嚴密封鎖下創立自己的私人帳戶。

症狀分析

　　女人和男人的思維差異決定了他們對需要用錢的情況評判不同。老婆們覺得聚會、社交應酬這類場合能省則省，能讓別人替自己買單最好。男人卻不行，一次兩次讓別人請客問題不大，可是他們總要請回來才能保住面子。那種小氣巴拉，總想占別人便宜的傢伙不僅不會受到大家的歡迎，也讓女性們不屑。既然如此，一些老婆們又幹嘛非要把老公往這種地步上逼迫呢？既然不願意成為占別人便宜的人，不少錢包沒錢的老公只好下班後立刻窩在家中，儘量避免交際活動。久而久之，也會被圈子逐漸拋棄。

　　其實男人有自己的私人帳戶並沒有錯。一來可以解決一些燃眉之急，不至於在朋友、同事面前丟了面子。要知道，那些被老婆管得死死的男人，往往是聚

會和party中的笑柄。或許這在老婆眼中看來沒什麼，可是對男人來說，就很嚴重了。

二來凡事總有意外，當老婆配給不足的時候，男人們可以從私人帳戶中拿出一些貼補。即解決了燃眉之急，又不用總是向老婆申請，讓她心情煩悶。

三來男人有了自己的私人帳戶，還可以不時買些小禮物或者安排燭光晚餐，給老婆個浪漫。比如說老婆過生日的時候，老公們總不可能兩手一攤，告訴老婆：我要給你買xx禮物，大概需要xxxx元錢，你轉帳給我吧……老天！如果到這種地步，還有什麼浪漫可言？再加上我們最開始就說過，女人總是喜歡浪漫的，老婆們總不至於不讓老公荷包裹有錢，又希望他能給自己浪漫吧？

所以，無論是從個人面子、家庭和諧、討老婆歡心還是個人生活品質的提升上，男人都必須有自己的私人帳戶！當然，那種抱著花天酒地尋花問柳心態的老公不在考慮範圍內！

既然如此，重點問題就轉移到了這裏：如何才能在老婆的管理下，堂而皇之地擁有私人帳戶呢？

解決方法

　　設立自己的私人帳戶，最艱難的時期就是如何擁有第一筆資金。因為老公的收入基本暴露在老婆的掌控之下，要從這裏抽出錢基本不可能，我們只有從別的地方想辦法：

　　★業績獎金——獎金是除了基本薪水外最常見的收入。而且和固定的薪水比起來，獎金金額並不固定，公司最近一季業績好，獎金自然就多；業績不好，說不定就沒有了。因此，從每個月、每一季或是年度的獎金中抽取一部分資金放入私人帳戶，最安全，也最容易迅速累積財富。

　　★分紅——如果你比較好運，最近正好有一筆分紅提撥到手上。這可是充實私人帳戶的天賜良機。如果老婆不瞭解你的工作，就完全沒有必要抽成了，直接把整筆都納入私人帳戶範圍。要是你傻到N久以前就老老實實告訴了老婆自己大約會有多少分紅的話，那就乖乖地抽出一小部分留在私人帳戶，剩餘部分統統上繳吧。

　　★年終獎金——每年的年終獎金也是充實私人帳

戶的絕好時機。具體怎麼做，不用我再教你了吧？

　　★兼職收入——如果條件允許，你完全可以利用業餘時間作一些不容易被老婆發現兼職。例如文筆好的人可以投雜誌稿、擅長設計繪圖的人可以接一些設計稿等等。這部分收入雖然不多，卻很容易躲過老婆的審查。不失為私人帳戶的一個重要來源。

　　創立私人帳戶後，最麻煩的就是如何保證它不被發現。那種偷偷藏在書裡、床底或是天花板的方法實在有夠白癡。想清楚，究竟是你在家打掃的時間多，還是老婆更有機會接觸書房、床底和天花板？最簡單的辦法就是把錢分散存到銀行，把提款卡放一張在辦公室抽屜裏鎖起來、放一張在身上。不要把雞蛋放在同一個籃子裏，是永恆的存錢法則。

　　最後一點需要注意的是，私人帳戶不是目的，而是手段。手上有了錢，別忘了「討好」自己的老婆，讓她意識到你有了錢不僅不會變壞，還會變得更體貼溫柔。那麼什麼麻煩不就煙消雲散了嗎？

請老婆管理敗家男

「天啊！我真傻！」就在男士們還在一邊看著說明，一邊琢磨著如何創立、充實自己私人帳戶的時候，一聲淒涼的慘叫把大家嚇了一跳。

循聲望去，只見眼鏡男後面最靠外圈的一個穿著藍領衫，看起來有些瘦弱的男子正蜷曲在牆邊的沙發上，表情中流露著痛苦。

「你怎麼樣？沒事吧？是身體不舒服？」W博士忙走上前去詢問。

「謝謝，我身體沒事！」瘦弱男人擺了擺手，有氣無力地說道，「明天週末，老婆說家裏要做一個徹底的大掃除，剛才看到說明書才想起來，我上個月在沙發背後藏了幾萬元的私房錢，老婆明天又不上班，這下我哪還有時間把錢偷轉出來？真應該像書裏說的

那樣，存到銀行去。這下完了，辛辛苦苦存了三個月的錢就這麼沒了。還要面對老婆狂風暴雨般的質問和更嚴厲的盤查，想想都覺得可怕。」

「三個月就能存幾萬元？你太厲害了。」那個不爽老婆管自己太多的大男孩不知什麼時候已經坐到了瘦弱男的附近，他無不羨慕地說，「要是換成是我，半年能不能存一萬塊還不一定呢。等下我一定要找你討教討教。」

「有什麼經驗好討教的，像說明書裏講的那樣，從獎金、分紅、年終這些收入裏面抽出來就可以了嘛。」瘦弱男顯然還沒從鬱悶中恢復過來，不耐煩地說道。

「可是結婚前，我都覺得自己的薪水剛剛好夠用。現在被老婆一管，更是捉襟見肘，完全沒有了財務自由。連WII的主機都買不起了。」大男孩搖著頭說。

「不介意的話，」W博士衝他問道，「我想知道你每月的薪水大概多少？」

「說起來也不少，大約8萬左右，」大男孩嘆了口氣，「不過拋開房租、和日常開銷，剩下的錢只夠我買幾件衣服或跟朋友出去吃幾次飯的。所以每個月基

本上都存不下來什麼錢。」

「8萬？」瘦弱男子無奈地笑了笑道，「我看你是怎樣都存不下來了。我每個月薪水才5萬，三個月都能有些私房錢。」

大男孩無奈的說，「我也不想啊。可是總覺得有太多東西想買了。單眼相機、iPhone……不過自從錢被老婆管理後，我這些願望一件都沒實現。現在最奢侈的財產就是結婚前買的那輛車了，老婆還經常不准我開，說是浪費油錢。」

W博士笑著說：「我倒覺得你老婆管得挺好，有了她負責財務，你每個月的開銷是不是少了很多？」

「是少了很多，可是現在連買衣服鞋子的錢都沒了。前一段時間我又看上了Nike的紀念鞋，全球只發行一萬雙而已，老婆卻完全不撥資金。加上剛才看到說明書的提示，我才有了存私人帳戶的念頭。剩下來的錢都不能用，有什麼意思？」大男孩說道。

「誰說不能用？當你家庭遇到問題或大開銷的時候，那些存下來的錢可比單眼相機、Nike鞋要有用得多。」雖然眼鏡男覺得男人有必要擁有屬於自己的私人帳戶，可是他還是看不慣大男孩這種過分崇尚消費

的「敗家」行為。甚至連那些注重生活品質的西方男人，也對這一觀點表示同意。他們都覺得，大男孩沒必要擁有自己的私人帳戶。且不說以他的個性根本存不起來，就算有了錢，也會被他毫無意義地揮霍掉。

雖然心裏不爽，但大男孩不得不承認，自從有了老婆幫自己管理帳務。每個月光自己就至少可以存下6萬塊錢作為家庭基金。加上老婆4、5萬塊的收入，一年下來就可以存100萬左右。如果沒有老婆，他再花十年也沒有這麼多錢。

W博士似乎看穿了大男孩的心思，笑著說道：「其實我們的說明書並不僅僅只告訴你老婆出現故障的時候應該怎麼辦。它也可以告訴你，要如何去利用老婆的各種功能，讓她最大限度地發揮作用。就像對待酷愛消費的『敗家男』，老婆們的管理效果就顯現出來了。如果我們之間有人正苦於自己存不下錢，不妨可以利用一下老婆的這一功能噢。」

 症　狀

本節是介紹老婆的功能，但是這裏列出的症狀屬於老公而非老婆——酷愛消費，每月薪水常常花到所

剩無幾。是標準的月光族。

 症狀分析

　　儘管大部分女人都會在結婚後主動要求管理家庭財產。可是也有一小部分人並不願意為這種事浪費腦細胞。她們習慣和老公財產獨立，各自掌握自己的資金。這種老婆對於一部分男人來說是福音，對另一部分則是麻煩。比如敗家男。

　　愛購物不是女性的專利，也是敗家男的習慣。他們崇尚消費，抱著年輕不消費，老大徒傷悲的理念生活。只要見到自己喜歡的東西如名錶、新款手機、數位產品、汽車時，往往頭腦發暈就把它買了下來。如此一來，就算薪資數萬，也能達到月光境界。雖然敗家男花得多是自己的錢，可是這樣一來對於整個家庭而言，資金就顯得捉襟見肘了。雖然表面生活光鮮亮麗，沒有存款的習慣，一旦出現必要的大型開支例如養育後代、買房子、生病住院……麻煩就大了。

　　所以對於那些像存錢，卻總管不住自己手腳的老公們來說，就應當改變觀念，別覺得讓老婆管是受罪了。適當利用老婆的理財功能，可以讓你生活的更輕鬆。

解決方法

★主動申請讓老婆替自己打理財務。通常老公有如此要求，老婆肯定會求之不得。不過在她答應之前，先確定自己每月留下來的正常開銷。以免從一個極端滑向另一個極端。

★每個月和老婆一起核對帳目，看著存款單據上收入。看著不斷增加的數字，這對於敗家男們克制自己的花錢慾望很有幫助。

★在上繳老婆的大部分基金之外，對自己手頭的錢也做出分配和管理。例如哪些用作吃飯、哪些用作交通、哪些用作社交、哪些作為機動備用。請心思細膩善於理財的老婆幫你規劃。

★遇到想買的東西時一定要克制腎上腺素的分泌，忍耐一個月再去考慮。如果還是覺得有必要購買，可以同老婆一起商量，徵求她的意見。

★想更換手機、筆記電腦、汽車等已有物品的時候，先考慮清楚，新款能帶給自己什麼？能否讓自己擁有額外的收入？比如換一個手機，就可以隨時隨地處理稿件？換一輛汽車，就能幫助自己籠絡更多的客

戶？如果最終分析的結果只是這些東西帶給自己的不過是視覺、聽覺、觸覺上的享受而沒有更多意義的時候，立刻放棄打算。

如果覺得自己的自制力不夠，可以請老婆嚴格把關並制定懲罰措施。例如倘若自行購買，則將購買物沒收，在網路上進行拍賣，並且下月需要多交相同額度的家庭基金等等。

只要你有這樣的決心，再加上老婆的幫助，就可以從敗家男的陰影中走出來，成為家庭的支柱。

千萬別讓老婆全權決定

　　「沒錯，我承認，自己花起錢來比女人更厲害。」看完書上給自己的意見，大男孩說道，「不過我還是希望能夠自己管理自己的財務。當然，家庭的責任要負，可我更想用自己的改變證明我並不敗家。」

　　顯然，他是被「敗家男」的稱呼激怒了。

　　Ｗ博士暗自點頭，他果然沒有看錯，激將法用在小夥子身上確實管用。有些人就是這樣，雖然看起來有種屢教不改幾乎無法根治的壞毛病，可一旦真的被激怒，就有可能產生決定性的變化。大男孩應該就屬於這類人，如果他真的不喜歡那個稱呼，就一定會改變自己的生活態度。這樣的話，老婆的理財功能倒也省了。

　　「你們剛才一直都在討論老婆管理家庭財務的時

候，老公們應該怎麼做。可是你們有沒有想過，女人在細膩、縝密、善於理財這些天性之外，也有感性、熱衷購物、容易衝動等特性？」這時，又有人對老婆理財提出了質疑，「而且她們在某些物品上的開銷可能遠遠多過男人。萬一遇上這樣的老婆，我們怎麼能安心讓她們管理家庭財產？」

說完，那人做了自我介紹。他叫凱文，是一家保險公司的業務經理，剛結婚一年多。因為工作繁忙，所以婚後主動把財政大權交給了老婆打理。然而一段時間下來，家裏存款並沒有多到哪裡去。凱文很奇怪，問老婆自己每月上繳的幾萬塊錢都到哪裡去了。老婆沒有記賬的習慣，七算八算還是有不少缺口。

於是凱文便製作了一個帳本，讓老婆在每次花錢以後，把賬目記錄下來。2個月過去了，凱文翻看帳本時才發現，原來老婆是個「敗家女」，雖然平日的正常開銷並不多。可是她購買化妝品和衣服鞋子包包的花費確實不少，自己每月上繳的薪水和老婆自己留下的資金，幾乎有一半都進入了化妝品和服裝廠商的腰包。

讓凱文生氣的還不止如此。上星期，老婆去聽了

一堂免費的「健康保健課程」，回來以後，竟然帶回了一套課程裏推薦的號稱具有調理功能的東西。只有包括兩套磁療被和四個枕頭而已，價格卻高達8萬餘元。凱文大呼上當，老婆卻不以為然，說培訓師告訴自己這套被子有N種保健功能，而且在賣場的售價十多萬新臺幣，自己8萬多元買下已經十分划算了。

　　一席話讓凱文聽得幾乎吐血，他們既然要賣這套產品，當然不會說它貴了。老婆怎麼會衝動的就這樣買下了呢？為了讓老婆相信自己受騙了，凱文在網路上查了一下相同品牌、規格的產品，售價最高不過5萬元。老婆看了以後無話可說，只好承認自己上當。

　　「我們就算崇尚物質，最多在手機、電腦上花費幾萬、十幾萬的財產，但這些東西都可以用上一兩年甚至三四年。女人可能一套化妝品就比一部最新款的手機還要貴，而且幾個月就需要更換。再加上女人天生喜歡打扮自己，衣服永遠都不嫌多，而且有時頭暈很容易聽信別人的推銷，她們一旦不理智起來，恐怕才是真正的『敗家』！」說完自己的遭遇，凱文感歎道。

　　「沒錯！儘管相比之下女人更擅長於管理家庭財

務,可那只是整體比較而言。男人當中也有不少理財好手,女人也有很多購物狂。不能一概而論。」大男孩點頭稱是,雖然他的話在目前階段一點說服力都沒有,不過還是得到了W博士的贊同。他補充道,「其實家庭理財並不用非要規定誰來管錢,重點是,誰能更理智地控制財產,讓家庭裏的經濟基礎不斷豐厚充實。」

「自從這件事以後,我確實很想從老婆那裏接過家庭財務的權利,她也表示理解。問題是最近工作確實繁忙,根本無暇顧及這些瑣碎事情。而如果繼續讓老婆打理,又不知道她還會不會亂買東西,所以,我希望說明書能教給我一個兩全其美的方法。」凱文考慮了一下,最終提出了問題。

症　狀

儘管手握財政大權,可是老婆依舊沒有理財的覺悟,花錢沒經過大腦,為了很多昂貴而不必要的東西,浪費掉大筆家庭共同基金。

 症狀分析

　　擅長理財的本領並不會遺傳到所有老婆身上，有的人理財本領突出，有的人卻並不懂得如何打理財務。而且，女人一旦對購物產生了衝動，後果往往比男人更可怕。根據美國史丹佛大學（Stanford University）調查結果顯示，每10個購物狂患者當中，就有9個是女人。或許女人對於購物的執著是天生的，她們只有在消費購物的時候，才能獲得一種內心的愉悅和滿足。所以商人們才會有「女人的錢最好賺」的說法。

　　儘管組成家庭以後的女人開始逐漸萌芽出了自己理財的天生本領，可是有些人卻依舊我行我素，缺乏對錢財的管理嘗試和自控手段，而老公又因為太忙碌或太信任對方放手不管，這才造成了家庭財產累積緩慢的情況。

　　此外，有的老婆本性並不愛亂花錢，相反，她們還很懂得節約。可就是太單純，容易輕信別人。當有朋友或家人極力推薦一種產品的時候，她們就會頭腦發暈把它購買下來，而不去考慮這件東西究竟是否適合自己。

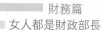

很遺憾，凱文的老婆同時擁有兩種性格，所以讓她管理財務，問題自然很棘手。

 解決方法

最好的解決方法莫過於凱文先生把管理家庭財務的大權從老婆那裏接過來，如果他的時間真的很忙碌，無法詳細地打理財產也沒關係，下面幾個方法可以對他有所幫助：

★現在開始記賬，透過一段時間的賬目管理，計算出每個月大約需要在基礎生活上花費多少。每個月撥出相應款項給老婆，由她在一定範圍內進行管理。

★如果老婆將日常開銷挪作它用，可以如上節對付敗家男的方法炮製，將購買物品在網上拍賣。當然，執行的時候應該首先取得老婆的理解，讓她明白這是為了幫助整個家庭完成財富積累的過程，不要因為這種事情破壞彼此心情。要知道，多數女人可不像男人那般豁達，能夠眼睜睜地看著自己的Gucci皮包或Dior香水就這樣被別人「收購」。

★如果你實在沒有精力管賬或老婆無論如何不願放權，可以採取制定開銷許可權的方法。例如3千元以

下的單筆開銷可以由老婆自行做主,3千元以上的大宗購買,必須夫妻雙方協商決定。這樣即讓自己輕鬆,也避免了老婆一時衝動胡亂購物的危險。

　★如果老婆習慣刷卡購物,而且經常刷爆信用卡的話,則可以沒收她的所有卡。由你重新辦理一張自己信用卡的附卡給她,設定適當額度,以此控制老婆開銷。

幫老婆來投資

「唔，我想以我目前的情況，最好的方法就是第三種了。」凱文考慮了一下，說道。

「我也這麼認為。本來家庭開銷，無論誰管理賬務，都應該是夫妻雙方一起協商才行。畢竟這個家庭是兩個人共有的嘛，不能只是由一方說了算的。」眼鏡男也說道。

「沒錯。其實相比於女性，很多男人才是真正的理財高手。要不證券、基金公司的經理也不會以男性居多了。」或許是因為找到了問題的解決方法，凱文此刻顯然比剛才輕鬆了不少，「像我們做保險的，其實也是理財的一種手段，所以我們也需要對各種理財方法有所掌握，這樣才能以最專業的態度打動客戶。如果不是平日裏工作太忙，由我負責管帳的效果肯定

比老婆更強。」

眼鏡男點點頭說道：「我也覺得自己很有理財天賦，而且也特別喜歡看財經理財類圖書和雜誌，如果老婆肯把財政大權交給我管理一段時間，說不定也比她的成績好。」

「其實透過調查，我發現很多女性的理財方法很傳統。毫無疑問，她們更懂得貨比三家、更懂得精打細算，這當然是一種很好的理財方法。可也僅限於此了，對她們而言，節約就是最常見、甚至唯一的理財方法。」談到理財，凱文的話匣子被打開了，「然而我們都知道，理財除了『節流』以外，更重要的是『開源』。少買一件衣服、壞掉的東西維修後接著使用，最多只能讓我們省下幾千塊錢，而如果把這些錢拿來投資，盈利可能達到10%甚至20%。這才是真正的讓錢生錢，而不是人賺錢。」

「問題是很多時候，老婆們都習慣了最穩妥的理財方式，除了節約之外，就只懂得把錢放進銀行了。」剛才大呼自己的私房錢會被發現的瘦弱男也終於從恐懼和懊悔中恢復了過來，加入談話中。

「其實投資的方法還有很多，比如最常見的基金、

股票、炒房，還有房屋租賃、貨幣債權、黃金買賣、集資創業……」凱文說道。

「說到創業，我不就是因為提案被老婆一票否決，才來這裏尋找解決方法的麼！」大男孩說。

「老婆們天生穩健的投資態度沒有錯，事實上，雖然我並不瞭解你的實際情況，可是根據你提供的資訊，也並不看好你投資物流業。至少，我相信你還遠遠沒有瞭解到這一行的水有多深。例如它的成本核算、貨物選擇、路線設計、安全管理……這一系列的問題，我想你還沒有考慮完善吧？」凱文很嚴肅地對大男孩說，「所以在這類事情上，老婆們的穩健策略對家庭而言是一種負責。」

「不過，」凱文掃了一眼正在認真聽他發表意見的夥伴們，接著說道，「如果我們能勸說老婆去接受新的投資理念，選擇合理的投資組合，就能輕鬆地讓我們的家產迅速累積起來。」

「問題是，如何選擇投資組合呢？這本來就是一個最困難的問題。而且，怎樣才能讓老婆接受新的投資思想？這恐怕也不容易吧？」眼鏡男問道。

「確實如此。不如，我們看看說明書是怎樣給出

答案的吧？」W博士突然發現，自己的臺詞，這次竟然被凱文搶了。

症　狀

　　老婆雖然勤儉持家，但只懂得單一的理財方式，主要集中在節約開支和存入銀行兩種途徑上。至於其他的理財方式則一竅不通。

症狀分析

　　財富是為了生活，生活不是為了財富。很多人搞不清楚這兩者之間的關係，以至於本末倒置，為了錢操勞一生，即便賺了不少，也沒有時間享受。

　　我們累積家庭財富，決不只是為了存摺上的數字越來越長。而是要提升生活品質，一方面讓自己的生活品質更高，更舒適，另一方面讓我們沒有後顧之憂，不必擔心生病、養老等情況的出現。

　　如果為了省錢可以壓縮基本生活保障，這未免有些緣木求魚了。因此設法讓省下來的錢自動生出更多的錢，讓我們自己變得輕鬆，這才是理財的至高境界。要達到這種境界，就必須使用除存款以外的其他理財

工具。

這些道理老婆們自然也清楚，但是她們卻依舊很少願意做出嘗試。根本原因就是女人謹慎的性格讓她們認為，錢還是在口袋裏最安穩。投資到諸如股票、房產等領域風險太大，萬一賠了豈不是得不償失。

與之相反，男人們崇尚快捷迅速的賺錢方法。他們喜歡有風險的投資，因為男人們知道，風險的提升，也意味著利潤的增大。而這種心態導致的後果，則往往是不懂得及時收網，讓已經賺到的財富又白白淪為了別人的囊中之物。

無論是過於保守還是過分激進，都不是正確的理財方法。我們的目的永遠是財富的增值，只有將老婆和老公的特點融合起來，才能實現這一目標。

解決方法

老婆不善理財，老公可以在身後指點江山：

★首先要解決的，是讓老婆如何接受理財觀念。可以多研究一些相關資料，最好是觀察一些東西，例如某個基金的投資報酬率、最近幾年房屋價格資料圖表等等，太複雜的分析就免了，老婆肯定不喜歡。重

點是讓她相信，投資帶來的回報可以比單純的存錢高出許多。

★用事實說話，讓老婆信服。如果你的財產權限較寬，或者有一定規模的資金，可以自己先投資一些門檻較低的理財工具，例如股票基金。

在股市大環境較好的情況下，基金通常都會有不錯的表現。透過你的實戰，讓老婆看到投資蘊含的潛力。讓事實說話，老婆便能更容易地接受理財觀念。

★和老婆一起慎重選擇理財工具。如果老婆被說服了，決定拿出錢來投資，這也就意味著你們至少會將家庭基金中的很大部分拿出來，這就不是開玩笑的了。動用幾十萬甚至上百萬的資金，必須要實現進行詳細的分析和選擇，根據資金的閒置程度選擇不同的投資工具，確保最大程度的投資安全。

★就像之前說的，永遠不要把雞蛋放到一個籃子裏面。選擇一種理財方法，不如選擇一系列理財組合更加穩妥。請記住，借助投資賺錢只是次要目標，畢竟工作才是我們賺錢的手段。

理財基本要求是讓資金在最穩定的前提下升值。所以安全才是最重要的。

★是投資就必須面臨風險。這世上沒有穩賺不賠的買賣，一旦遭遇虧損，心裏承受能力較弱的老婆們通常會感到強烈的沮喪和焦慮。此時，老公就需要發揮男人的穩定作用了，一邊分析下一步的行情走勢，一邊和老婆一起謀劃應對方法。

The
Wife
Instructions

06　讓老婆停止抱怨

凱文的話讓大家都覺得，適當的理財方式確實很重要。一個善於理財的家庭和一個只懂得依靠節約和存款作為手段的家庭，其財富的累積速度顯然不同。

「我覺得我們目前探討的問題還有些膚淺了，可以說，有一個重要的核心麻煩一直沒有解決。」看完說明書，一位四十左右，略有些禿頂的瘦高男人說道。

他的話立刻引起了W博士的興趣，「你覺得什麼問題是最核心的？不妨說出來大家聽聽。」W博士繞過做在前排的人，走到那名男子身邊，在他旁邊的空位上坐了下來。

「我發現，在這一部分，之前討論的焦點集中在如何從老婆對財物的管理中獲取更多的自由。比如開個私人帳戶，嚴禁老婆自行決定家庭開銷等等。直接

進行這種討論，就等於確定了這樣一個前提——老婆就該管理家庭財務。」男人用拇指撥了撥下巴上的鬍子，接著說道，「雖然確實她們有各式各樣的優勢，例如心思細密、勤儉等適合於打理財務的天賦，可是我還是不明白，為什麼女人一管賬，大部分老公不僅沒了財務自由，就連受到尊重的權力也被剝奪了？」

見大家似乎還不夠明白，男人解釋道：「換個說法，就是為什麼老婆在管理老公上繳財物的同時，還會對老公抱怨多多？」說完，男人講述了自己一位朋友的故事：

他這位朋友叫阿水，是一名普通的公司職員，和其他大部分老公一樣，家裏的財務也是由老婆全權負責。阿水的薪資不算高，扣掉生活費每月剩下的部分，基本剛好夠繳納房貸和水電瓦斯、通信等雜費。由於老婆的薪水只需要用於買菜做飯，於是，這個家裏的存款幾乎都是老婆剩下的。

每次夫妻倆人吵架的時候，阿水的老婆就會數落他沒本事，家裏的錢都是自己存下來的。當阿水爭辯說房貸水電等雜費都是用自己的收入繳納時，老婆也會堂而皇之地拿出自己需要購買家庭用品和負責食品

開銷的理由反駁他。

「難道她們不知道,這個家庭裏的開銷,多數來自於老公嗎?畢竟房貸、雜費比起來,其他的開銷又能算得了什麼呢?如果讓她負責一部分的開銷,恐怕存的錢不比現在多。」禿頂男憤憤不平地替朋友抱怨。

「是啊,我發現很多老婆都有這個習慣,無論她們自己賺得了多少錢,都會習慣性地埋怨老公沒本事,彷彿恨不得老公每天都能拿幾百萬給她揮霍似的。就算老公再沒本事,老婆管理著他的財物,用他的錢來支撐這個家庭,還有什麼理由要抱怨呢?」凱文也莫名其妙。雖然自己的老婆目前還沒有這種跡象,不過身邊的朋友卻著實有不少人都常常受到如此待遇。

「雖然我那位朋友阿水今天不能來,可是我很想替他問一下,如何才能讓老婆們停止諸如『老公沒本事』、『沒用』之類的抱怨呢?」

症 狀

老婆在吃飯、打掃、洗漱甚至蹲馬桶的時候都會習慣性地埋怨老公沒本事,賺不了大錢。即便自己的食衣住行都離不開老公的收入,卻依舊對老公抱怨不已。

症狀分析

　　喜歡抱怨老公的老婆或許並不像男人們想得那樣拜金。她們心裏要的並不是完全對財富的渴望，而是希望自己的老公能成為被人尊敬的成功者。這樣，她作為成功者的老婆，心裏也會獲得極大的滿足。

　　就像孩子們會比誰的爸爸最厲害一樣，比老公，也是女人固有的虛榮心在作祟。這種虛榮心往往會在當她的朋友或同事的老公成為小有名氣或有錢人時無比膨脹，直接反映出來的就是對自己的老公怎麼看怎麼不順眼。責罵抱怨也就順理成章了。

　　但對於男人們而言，這種虛榮心就顯得有些不可理喻了。他們辛苦的工作，賺錢養家。付出的努力不僅得不到老婆的尊重，還要成天忍受她們蒼蠅一般的不停抱怨。他們當然覺得不公平，因為畢竟不是每個人都能成為有錢或名望的人，這需要耐心的等待機遇。如果老婆抱怨幾句就能實現願望，恐怕所有男人都巴不得老婆每秒鐘都在耳邊數落自己了。

　　批評固然可以使人進步，適當的鼓勵和尊重對老公而言顯然更為重要。可是老婆們卻似乎只懂得抱怨，而且抱怨得毫無營養，即不知如何給老公指出目前存

在的問題，也不懂怎樣幫他找到新的方向。這樣的抱怨，男人們當然越聽越煩，脾氣好一點的裝聾作啞，暴躁一點的就會奮起反擊，一場家庭戰爭不可避免。

解決方法

財富是天使，也是惡魔，它能讓家庭和睦幸福，也能讓夫妻反目成仇。有人說，聰明的老婆懂得用體貼替代抱怨，用建議更換責備，這樣老公更樂於接受，也能奮發圖強。

不過這樣善解人意的老婆不是滿街都有的。大多數老婆們還是不那麼開竅，見大家都抱怨，於是自己也跟著抱怨了。這時候，就需要聰明的老公來引導她們，讓老婆明白自己應該怎樣去做：

★對老婆的抱怨表示理解。老婆們當然不指望一次抱怨就能讓你醍醐灌頂幡然悔悟，不過她們卻希望你能有所回應。雖不至於感動涕零，至少也要很誠懇地表示出自己的態度——老婆大人說得很正確，我知道還要繼續努力。有了回應，老婆便會立刻停住如同狂風驟雨般愈演愈烈的抱怨了，老公也落得耳根清靜。

★見縫插針，讓老婆明白有錢不見得是好事。雖

然老婆口口聲聲希望自己的老公能賺大錢，能有大出息。可是真正有了錢，麻煩也多起來了。那些有錢人的老婆，哪個不擔心老公變心？自己變成黃臉婆？如果你的身邊恰好有貧賤夫妻在發達後分道揚鑣的故事，一定要跟老婆好好分享，用盡渾身解數讓她知道自己的想法是多麼的幼稚。一旦老婆被你的思想催眠，抱怨頻率當然就會呈直線下降的趨勢。

★用事實說話，讓她適應你的勤奮工作。女人很奇怪，老公陪自己的時候，她希望你能忙碌一些，這樣才有事業上的成績。而一旦你忙到不可開交，她又會責怪你不懂得關心自己。如果老婆時常抱怨你沒本事，不妨每天多加班，沒事多出差。當老婆責備你太忙與工作忽略自己的時候，便拿出當年她抱怨自己沒本事的話好好反擊一番。保證讓她自知理虧啞口無言。

儘管有錢的男人不那麼安全，但女人還是希望自己老公有錢。如果你覺得自己的物質生活確實比較緊，不妨聽從老婆的勸告，努力打拼事業。等你成為了老婆心目中的成功者，她們就會擔心你被別的女人搶走。進而一改往日態度，對你好上加好。所以，只要男人有了事業上的成功，家庭地位就會有所改變。這才是一次性解決問題的根本方法。

孩子就是「第三者」？

育兒篇

家庭生活裏，不是只有老公和老婆兩個角色。隨著年齡的增長，
孩子的誕生是人類自然的繁衍過程。

然而，從這個小傢伙在母體中孕育時起，婚姻生活就開始有了
變化。經濟財務、生活規律、夫妻的心態都在逐漸偏離從前只有
兩人生活時的軌道。

毫無疑問，孕育的主體是老婆。可是作為老公，
是否能夠適應在此期間老婆的轉變？

你又能否承擔自己的責任，為辛苦的老婆分擔？

或許很多問題，在此時前你想都沒有想過，當問題出現的時候，
自然也不知道該如何解決。不過沒關係，在這一部分，
本說明書會給你一些有用的提示。

01 別把生育當作老婆的事

討論完了地位問題，時間已經指向晚間10點。不知不覺，這次聚會已經進行了差不多兩個小時。

W博士覺得有必要抓緊最後的時間，讓大家提出新的問題。於是便將話題轉移到了養育子女之上。因為他清楚，在養育子女的過程中，男人和女人之間的生理和思維差異，讓他們對待這個問題有著不同的看法。

況且，養育子女並不是一個短時間的問題，它對於一個家庭而言，是長達十多年甚至二十多年的浩大工程。因此W博士覺得很有必要在今天晚上讓那些已經有了下一代或即將準備生兒育女的父親們明白在整個養育子女的過程中，自己的老婆們可能出現哪些問題，該如何解決。

　　大致介紹完自己的想法，W博士對在坐的各位問道：「現在，你們有誰希望提出自己的問題呢？」

　　「我有問題！」一位看起來似乎才20出頭的年輕人站了起來。他穿了一件在年輕人當中很流行的淡粉色休閒裝，搭配經典的牛仔褲，再加上略顯稚嫩的樣貌，人們完全看不出他已經結婚了。似乎還是個仍在校園裏讀書的莘莘學子而已。

　　看到大家略顯詫異的目光，年輕人並沒有顯示出任何尷尬，似乎他已經習慣了人們對自己年齡的猜測。

　　「我叫徐林，今年剛好三十，已經結婚三年多了。」簡短的自我介紹讓其他人又小小地吃驚了一番：他居然三十歲了，如果說他只有十八或二十我都會毫不猶豫地相信。看來娃娃臉的男人確實讓人羨慕。

　　「前些年因為家庭經濟狀況吃緊，我的事業又在開拓期，所以沒有考慮孩子的事情。」徐林說道，「如今眼看老婆也快28了，家裏的經濟條件也比之前要好一些，於是我們就打算今年要生個寶寶。」

　　「這很好啊，我要提前恭喜你了！」W博士微笑著說道。

　　「謝謝，不過最近我跟老婆就因為懷孕的事情，

起了一些爭執。」徐林搖了搖頭，說道。

「是什麼問題？能跟我們大夥說一下嗎？」

「其實想來也沒什麼大不了的，因為我和老婆都是第一次生孩子，沒什麼經驗，所以我們買了不少懷孕相關的書籍來看。或許是老婆太緊張了，對於書上提到的注意事項，簡直可以用虔誠來形容——老婆說貓狗等寵物不能接近孕婦。我就忍痛把家裏的貓送到朋友家寄養。老婆又說孕婦要提前三個月就開始補充葉酸，我二話沒說又立刻買了很多放在家中。後來她又看到書上說電腦輻射對孕婦身體不好，可是她的工作又離不開電腦，於是我又幫她換了輻射較小的液晶螢幕，還買了防止輻射的孕婦裝給她穿。」

說完這些，徐林歎了口氣，接著說道，「其實我倒覺得生孩子而已，應該沒必要做到那麼細微，我們的父母不也是在有毛有狗缺少葉酸的情況下把我們生得健健康康的嗎？不過為了讓老婆滿意，我還是基本上都按照她的要求去做了。可是儘管如此，她還是不滿意，上星期就因為一件小事跟我大吵了一架。」

「什麼小事？」

「上星期五我和兩位技術部的同事去拜訪客戶幫

他們調整機器，做完事情已經是晚上了。客戶覺得我們很辛苦，於是便請我們吃宵夜。吃飯的時候喝了一點酒。雖然我知道準備懷孕的時候最好不要沾菸酒，可是書上只是要求準媽媽不要酗酒抽菸，沒說準爸爸也不行啊。再說，偶爾喝點啤酒總不會有問題吧。而且客戶盛情難卻，我要是不陪著喝一點，擺明不給對方面子嘛。」

「為了這個事情，你老婆就跟你吵架了？」凱文問道。

「是啊，而且脾氣發得不小，又哭又鬧，還說什麼我不想要小孩就算了之類的話。雖然我也很氣憤，可是還是儘量勸說她。雖然最後這件事情終於平息了，老婆竟然為了幾杯啤酒生了我一個禮拜的氣。」徐林鬱悶道：「如果以後再有這類事情怎麼辦？我是要不給客戶面子，還是繼續讓老婆生氣？有沒有辦法讓老婆別太拘謹了？別太把書上說的那些條例當作聖旨一般執行？」

症　狀

　　準備懷孕的時候,老婆小心翼翼,查閱多方資料,並且嚴格按照書中所有介紹的方式及規定,不能有一點違背的地方,否則便會大發雷霆。

症狀分析

　　這種情況對於第一次懷孕的準媽媽來說尤其常見,因為沒有經歷過,所以她們對未來的懷孕生活充滿了擔心、緊張甚至恐懼。此時,專業圖書和網路資料上的經驗之談就成為她們唯一能仰仗的資訊,能幫助她們消除緊張和恐懼的金玉良言。

　　當然,她們也可以求助於自己的母親,不過那畢竟是二、三十年前的經驗了,在現代,並沒有多少說服力且不一定適用。

　　既然遵從圖書的指令,那麼書裏面說寵物可能會傳染弓形蟲給胎兒,老婆們會連一根手指也不去觸碰這些小東西。書上說菸酒有害,老婆也恨不得老公連看都不看它們一眼。

　　事情當然不會如同她們想像般那樣可怕,每週抽

七、八支菸和每個月喝一兩次啤酒的老公射出「子彈」的品質，並不見得比菸酒不沾的老公們差多少。

可是老婆卻還是很小心翼翼。這多少會讓男人有些壓抑。儘管他們也關心自己將來寶寶的健康，他們也知道，只要保持愉快的心情和健康的生活習慣，沒必要一一跟專家們的論斷較真。

或許男人們的想法沒有錯，但懷孕畢竟對老婆來說是一件人生大事。她們緊張也情有可原，老公們沒必一定要把她們的態度糾正過來。弄不好反而造成兩人吵架，讓老婆鬱鬱寡歡，反而對下一代有弊無利。

 解決方法

★懷孕不是老婆一個人的責任，老公有義務站在一旁寬慰和鼓勵她。讓她保持輕鬆愉快的心情。

★如果老婆要求你戒菸戒酒，不妨在懷孕前的這段時間暫時遵守。如果有應酬上的難處，不妨直截了當地告訴勸酒之人，自己準備要生寶寶了，如果要喝酒，等自己的任務完成後痛痛快快地陪對方暢飲。相信明事理之人都會理解的。

★不要讓老婆獨自準備面對懷孕後的種種問題，

爭取從醫師、有經驗的朋友那裏多瞭解一些關於女人懷孕的知識。這沒什麼好丟人的，每一個負責的老公和父親，都懂得如何在老婆最脆弱的時候給其最貼心的照顧。

★準爸爸還應該做到的幾點事項，這樣不僅對於下一代有利，還能讓老婆看到你對於這件事情的重視，進而更加安心。

★減少劇烈運動，防止運動創傷導致的輸精管受傷、堵塞。

★褲子寬鬆透氣，不要穿那些緊繃、不通風的褲子。

★不要長久的坐在沙發上或長久的開車，避免壓迫精囊。

★不要出入高溫潮濕的地方，高溫會讓精子活力降低。

幫助老婆度過懷孕期

徐林的問題引起了很多老公的注意，他們當中也有不少人正準備計劃生寶寶或已經成爲了準爸爸。當然，跟徐林一樣，因爲缺乏經驗，再加上老婆在懷孕後脾氣也變得越發暴躁，他們的準爸爸日子顯然也過得不輕鬆，即將成爲人父的喜悅被一連串的瑣事沖淡了不少。

另外一位和徐林同歲，樣子卻顯得更加老成穩重的男子也提出了自己的困惑：

他的老婆已經懷孕好幾個月了，最初他也和徐林一樣，爲了讓老婆安心，凡是要求做到的準備工作都做到了，包括孕前檢查和準媽媽、準爸爸培訓都仔細參加了。本以爲這樣做，老婆就不會再有什麼不愉快了，可是沒想到，懷孕之後麻煩的事情越來越多。老

婆胃口不好，要想方法讓她吃飯；老婆心情低落還必須努力讓她開心；最讓他無法忍受的，是老婆日益變壞的脾氣。懷孕前的老婆雖然算不上溫柔體貼，倒也算不愛生氣。但自從懷孕後，她的脾氣就越來越大了，彷彿什麼事情都看不順眼，有任何一點不滿意都會大發雷霆，有時甚至能為了杯子擺放角度的不夠完美氣上半天。而且，最近一段時間以來她的脾氣更古怪了，好幾次半夜突然想吃糖醋魚，便把老公搖醒叫他無論如何都要想辦法變出來。害得第二天他完全沒有精神工作，甚至被老闆點名批評。

「說實話，我也知道，女人懷孕辛苦，所以無論說話做事都是小心翼翼。可是我也有自己的工作要做，有時難免疏忽。雙方父母都不住在附近，難以長期在身邊照顧。現在我一邊要工作，一邊要洗衣做飯照顧老婆，還要忍受她隨時出現的暴躁脾氣和稀奇古怪的要求，這讓我很無奈。」

男人最後問道：「是不是所有的準爸爸們在這個時期都經歷過類似的待遇？面對老婆的怪脾氣。我們應該怎麼做，才能讓自己輕鬆一點？」

幾秒鐘後，說明書開始運作，給出了提示：

症　狀

孕期綜合症，這是每個懷孕的女性都會面臨的問題。最典型的症狀就是情緒不穩定，大起大落，容易發怒，老公有一點做不到的地方，都會被懷疑為不夠關心自己。

症狀分析

顯然，老婆變得如此，並不是她們自願的，而是由於懷孕產生的荷爾蒙分泌造成了情緒的波動。所以，無論她們怎樣的要求，老公們都不能急躁，應該在適當的範圍內盡可能滿足老婆，安撫她的情緒。

這對於老公而言當然是個極大的考驗。但我們應該明白，懷胎十月是個痛苦漫長的過程，老婆們肯忍受這個過程，為我們繁衍後代，我們也應該盡自己最大的努力去呵護、關心她，給她創造一個最舒適的環境。

對男人來說，工作、社交固然重要，而且從潛意識裏也不願意每天面對脾氣古怪的老婆，畢竟你即將成為父親，作為男人，這也是我們應該承擔起來的責

任。所以，為了你的這份責任，你應該站在老婆身邊，陪她度過從女人到母親的這段經歷。凡事將心比心，假如是你自己懷孕，我想你的脾氣也好不到哪裡去吧！

解決方法

　　不用把伺候老婆看得多麼麻煩，如果嘗試下面的方法，你會覺得輕鬆一點：

　　★別把老婆的脾氣放在心裏。這只是生理反應，並非她的本意。如果老婆因為一些小事對你發怒，你不僅不能生氣反而要設法逗她開心。這樣會讓她覺得你從心底關心自己，而感到幸福。

　　★孕媽媽的胃口常常會比較刁鑽，這是體內需要某種營養物質的信號。此時準爸爸們要積極配合，以最快速度為老婆做出來，或者買回來。時間如果拖得太長，說不定她們的口味就變了。例如老婆可能中午想吃魚，若你到了晚上再做，恐怕她一口也吃不下。這是孕婦的特徵，不是老婆的故意刁難，老公應該理解。

　　★工作繁忙永遠不能成為忽略老婆的藉口。要說工作忙，為什麼當初老公們還有時間耍浪漫，有時間

對女友窮追不捨？既然當初有時間，顯然老婆有了你的骨肉，身為老公，你理所應當發揮出追求她時的衝勁，利用下班後、週末、假期的時間陪在她身邊。而不是和朋友同事出去喝酒玩樂。

★男人的幽默細胞永遠不會少，問題是面對自己每天一成不變的老婆，很多人懶得使出來而已。老婆懷孕的時候，男人也應該動用自己的幽默力量，給老婆帶來多一些輕鬆，把注意力從懷孕的壓力上轉移出來。看看下面的準爸爸語錄，或許會有些啟發：

★聽胎動的時候，準爸爸要常說：「寶寶，你好，我是你偉大的老爸。」

★胎教的另外一個版本：「寶寶，趕緊睡覺，要不然老爸打你屁股，現在打不到你的，我就先打你媽的屁股好了。」

★老婆說寶寶在踢自己，準爸爸同情無限：「先記下來，等他出來我再踢他，幫你報仇。」

03 孩子不是第三者

　　「嗯，看來我做得還不夠。」那位和徐林同歲的男人感歎道，「我以爲自己對老婆的照顧已經相當不錯了，現在想想，不過是物質上的關心而已。老婆最需要的精神關心鼓勵，我做得還差的遠。」

　　徐林也點頭說：「這下，我也學到了不少。等老婆懷孕以後，我也要做一個最有趣的準爸爸，讓老婆根本沒有時間心煩。只要她們高興了，我們的日子也會好過很多。」

　　「對嘛！大家好，才是真的好。」W博士笑著說。

　　「別高興得太早了，懷孕的時候我倒覺得沒什麼，或許有了小孩以後，才是煩惱真正開始的時候。」正當一部分準爸爸興致變得頗為高漲時，有人潑了一盆冷水。

　　剛才提問的男人奇怪道：「孩子出世了，老婆自然就恢復正常了。有什麼好煩惱的？」

　　「恢復正常？我告訴你，只要有了孩子，你的生活就會徹底改變，再也恢復不到正常。」那人說道。

　　「不知這位朋友怎麼稱呼？還有，你的煩惱是什麼，能說得具體一些嗎？」W博士依舊坐在阿水朋友的身邊，問道。

　　「我姓莫，孩子已經2歲了。按理說，我已經度過了最困難的兩個時期——老婆懷孕、孩子剛出世，家庭生活也應該恢復正常了。可是到現在為止，我卻覺得自己生活的越來越壓抑了。」接著，莫先生大致地介紹了他的情況：

　　莫先生和他老婆以前關係很好，感情生活很和諧。結婚幾年來，不僅沒有冷淡，反而感情越來越好。因為年齡關係，夫妻二人決定要一個小孩。懷孕期間，雖然也有前面說到的種種問題，由於夫妻倆情感深厚再加上莫先生的溫柔體貼，並沒有太大的衝突出現。

　　十月懷胎，老婆順利地生下了一個男嬰，初為人父的莫先生也很高興。然而這種興奮持續了沒多久，就被老婆的態度沖淡了。

懷孕前，莫先生和老婆的性生活相對頻繁，一般是每幾天都要。雙方十分享受這種甜蜜的愛情感覺。後來懷孕了，為了母子安全，莫先生不得不禁慾很長一段時間。如今孩子平安降臨，老婆身體恢復的也很好，於是莫先生心裏的慾望便開始蠢蠢欲動。

　　老婆也久未品嘗性愛的感覺，很配合。然而就在這時，睡在一旁搖籃裏的兒子哭聲大作。老婆慌忙起來又是餵奶又是換尿片的，等再次睡下，二人均是興致全無。很長一段時間都是如此，這小子似乎就是在跟自己作對，幾乎每次他要和老婆親熱的時候，兒子的哭聲就不約而同地響了起來。就算偶爾幾次沒有吵鬧，莫先生和老婆也會心神不寧草草結束。莫先生提出好幾次要求，讓老婆暫時把孩子放到另外一個房間，卻遭到老婆的堅決反對。

　　而且，最讓莫先生覺得受不了的，是自從有了孩子，老婆的生活重心完全放在了他身上，自己似乎淪為照顧兒子的助手，泡牛奶、拿尿片、為了滿足那小子的要求，自己跑上跑下忙東忙西。後來兒子漸漸長大，老婆還是不放心他一個人睡覺，乾脆把老公涼在一邊，自己和兒子一張床。偶爾莫先生想和老婆一起

睡的時候，也因為害怕吵到兒子被嚴厲拒絕。

「你甚至無法想像，我們之間的夫妻生活頻率已經低到怎樣的程度。」莫先生一臉懊惱，「我真不知道，自己到底是生了個兒子，還是生了個『第三者』。」

症　狀

自從有了孩子，老婆就把所有的重心放到了孩子身上，不再像過去那樣關心自己了。

症狀分析

母性是所有女人的天性，經歷了十月懷胎後，她們對於自己體內孕育的這個生命的感情自然無法用語言表達。為了讓孩子健康成長，她們關注的重點也從丈夫身上轉移到了孩子身上。這就是所謂的「情感轉移」。

從過去關心自己的衣食起居到現在關心孩子的一舉一動，這種態度上的轉變自然會讓老公感覺自己似乎已經「失寵」，進而對孩子產生嫉妒心理，覺得他是破壞夫妻感情的第三者。

這當然是種很幼稚的想法,孩子是夫妻倆人愛情的結晶,而且這個剛剛誕生的幼小生命是那麼的脆弱,他吃飯喝水、一舉一動都需要父母的照顧。跟這樣一個什麼也不懂、什麼也無法做的孩子計較,豈不是太可笑了嗎。

　　至於莫先生所謂的每次和老婆親熱,孩子就要哭的問題,只不過是巧合而已。而莫先生卻把這種巧合當作了寶寶對自己的不滿,進而心生怨恨,這也是毫無道理的。如果他和老婆可以摸清寶寶的生活規律,選擇他熟睡的時候親熱,問題就迎刃而解了。

　　當然,身為老公,如果你覺得自己受到的冷落太不正常,可以借助下面一些方法告訴老婆。至少會比躲在一邊生悶氣要管用的多。

解決方法

　　★改變自己的觀點,把自己的位置放在和老婆相同的地位,而不是和兒子相同的水準。那些跟嬰兒「爭寵」的爸爸們,豈不是把自己當作嬰兒了。

　　★照顧孩子是一項特別耗費精力和時間的事情。如果你覺得老婆忽略你了,不妨多替老婆分擔一些家

務。如果你比她還要忙碌，她當然就有了多餘的精力去關心你。

★生理問題就像洪水，久未排泄就會造成災害。如果老婆為了孩子忽略了你的感受，可以坦白地把自己的想法告訴她。畢竟是那麼久的夫妻，而且是人的正常生理需要，沒什麼不好意思的。老婆也一定會理解你的感受。

★如果老婆擔心吵到孩子，可以根據寶寶的生活習慣，選擇他熟睡的時候進行。或者乾脆把他暫時送到父母家中代養。夫妻二人也可以趁此機會好好休息一下。

★對於那些不方便送到父母家的寶寶，可以考慮趁他熟睡的時候把門關上，夫妻二人到隔壁房間去親熱。

★有些媽媽在孩子逐漸長大以後還和他一起睡，這也是一種母愛的表現。但身為老公和父親，你應當制止這種行為。因為它極度不利於孩子獨立性格的養成。事實上，那些6歲以後還跟母親一起睡的孩子，將來十分容易產生依賴人格。因此，當孩子4、5歲的時候，老婆就可以考慮逐漸引導孩子在自己的房間睡覺了。這樣也給了夫妻二人更多的獨處空間，一舉兩得。

04 改變老婆的教育手段

「莫先生，不知道說明書裏的內容對你是否有幫助呢？」見他一直不說話，W博士問道。

「我在想，現在看起來自己真的是太傻了。堂堂一個男子漢，怎麼會跟兒子爭寵？或許是我憋得太久，而且也缺乏跟老婆的溝通，才會讓大腦秀逗了吧。」莫先生沉默了一會，突然間釋懷了，笑著說道，「還有，我對兒子的關心也不夠。以前一直光顧著自己的感受而已，真是個不稱職的父親。」

「沒關係，至少你現在領悟到了。我祝你們夫妻早日恢復正常。」W博士笑著說道。

「現在，時間也不早了。」他看了看錶說道，「不如我們把握時間提出最後三個問題。我想，到目前為止，不少人已經解開了心中的困惑，正迫不及待地想

回家試驗呢。」

「那好,我來提一個問題。」大男孩身後一位文質彬彬的高個男子說道。

「我姓李,是一位財經專欄作家。」男子自我介紹道,「我的孩子已經8歲了,現在最困擾我的問題就是我跟老婆的教育理念很不一致。我崇尚的是自由、自治的教育理念。對於現在這些孩子動不動就要報名輔導班、才藝班的做法我很不贊同。我覺得孩子學什麼,是他的自由,如果他不想學音樂,就算拿刀架在他脖子上,也不可能成為貝多芬。」

「沒錯!這點我同意,應該尊重孩子的興趣和選擇。」有人附和道。

「可是我老婆的想法就完全不同。她覺得如果不給孩子報名各種才藝班,就是讓他輸在了起跑線上。所以如果她聽到朋友介紹有哪個班好,就要給孩子報名。現在孩子每個週末都要上四堂不同的課程:美術、跆拳道、鋼琴、書法。就算是放假期間,也至少有2/3的時間在上課中度過。孩子很乖,沒有對老婆的安排表示不滿。然而我卻知道,這樣下去沒有什麼用處。兒子早晚有一天會爆發,會反抗。因為我知道這些並

不是他喜歡的東西。」李先生惋惜地說道。

　　「為什麼你會這樣認為？」Ｗ博士問道，「既然孩子沒有表示反對，說不定他很喜歡這幾門功課呢？」

　　「不是那樣的。每次我看孩子出門上課時眼神裏流露出的無奈和疲憊，就可以肯定孩子不願意去上這些課程。他只是為了不讓我們不高興才沒有表示反對而已。」李先生歎了口氣，接著說道，「我覺得孩子有權選擇自己喜歡的事情去做。老婆給他太大的壓力，反而會剝奪他原本應該快樂的童年。」

　　「既然如此，我們就把握時間看看說明書能給我們怎樣的啟示吧？」Ｗ博士翻開了說明書的倒數第三頁。

 症　狀

　　老婆對孩子的愛讓她對他的教育也力求盡善盡美，於是不斷地施加壓力到孩子身上，並且自以為是的認為這才是對孩子的好。

症狀分析

　　錯誤的教育方法遠不止這一點。例如為了讓孩子

聽話而責備打罵、過分尊重孩子的意見，讓他覺得自己所有的要求都能滿足，這都是不良的教育手段。

對於母親而言，她對於孩子的教育通常會傾向於過分嚴厲。因為她比老公接觸孩子更多，更知道他如何的不聽話，所以也就自然而然地希望透過嚴厲的態度促使孩子成為一個乖寶寶。

與此同時，女性容易被環境影響的特性，也讓她們當看到周圍的孩子都報名參加各種才藝班的時候，不由自主地也強迫自己的孩子前去報名。

然而事實上，無論是超級聽話的乖寶寶，還是只懂得學習的好孩子，都是父母教育手段的失敗。那些完全按照父母的要求行事的孩子，已經喪失了自己獨立的性格，磨滅了屬於自己的想像力。

他們的精神已經被這種錯誤的教育手段完全抹煞掉了。因此，作為孩子的父親，你有義務、有責任更正老婆的這種錯誤手段。

解決方法

★把自己的教育想法，比如對孩子才藝班的選擇、孩子成績的看法、以及身體素質的培養準則，拿出來和老婆探討。看看你們在這些方面究竟有什麼差異。

★如果你無法說服老婆改變強硬的教育態度，可以從一些書籍獲得資料，讓她們學習。比如德國作者卡爾‧威特寫的《卡爾‧威特的教育》，就是一本很出色的教育圖書。

讓老婆學習裏面的內容，既然她們在懷孕的時候都能把這類書籍裏的方法當作金玉良言，那麼此時面對孩子的教育，自然也應當好好學習裏面的方法。

★一同學習兒女教育類的圖書，也能讓夫妻倆在教育孩子的觀念上達到統一，更利於孩子的教學。否則雙方意見相左，不僅會讓孩子無所適從，也會養成他當個「牆頭草」的習慣：母親那裏通不過的提案，就到父親那裏。反之亦然。一旦「詭計」暴露，就把責任推到對方頭上，讓父母之間爭執。

05　小心老婆罷工！

「不知道你們有沒有誰經歷過老婆罷工的的情況？」剛從上一個問題中回過神來，又有人提出了新的挑戰。

「罷工？」不過，顯然有類似經歷的人並不多，人們多以詫異的目光望著提問的人。

他大約三十七、八歲，頭髮有些許零亂，白色襯衫也顯然好幾天沒洗過了，略微有些發黃。而且上面似乎還濺了幾滴油漬。

「呃，這是早上給孩子做早餐的時候，不小心濺上的。」意識到別人注意到了襯衫上的汙跡，男人不好意思地笑了笑。在笑容的背後，人們看到了他眼神裏流露出的一絲疲憊。

W博士沒有說話，只是用一種鼓勵的眼神望著對

方。這個叫做約翰的西方男人稍微整理了一下思路，說出了最近一段時間以來，困擾自己的麻煩所在：

他的老婆罷工了！

這場罷工來的很突然，就在上週二的早上，他起床後發現老婆並沒有像往常那樣在廚房裏幫他和12歲的兒子做早餐，而是悄無聲息地消失了。最初約翰以為老婆是臨時有緊急工作提前出門了。可是當她在床頭發現老婆寫的「罷工通知書」時，才知道老婆到朋友家去住了。

「我真不知道，她為什麼要罷工。在此之前我們已經有好幾個禮拜沒有吵架了。」約翰搔了搔頭，困惑不已。

「那麼，你的老婆有沒有告訴你她罷工的原因？」W博士問道。

「沒有，她只是說要求獲得公正的待遇，至於具體為了什麼，我是一點也不清楚。」

「你有沒有去她朋友那裏或她的公司詢問緣由？」

「當然！不過當時的首要問題是我得先給孩子準備早餐，然後開車送他到學校。最後再趕去公司。說出來您別笑，我是個連煎雞蛋都不會的人，要不，」

約翰望著自己身上的油點尷尬地笑了笑，「也不會弄得如此狼狽了。」

「之後，我有想去找她問個清楚，可是那天早上就是為了送兒子而上班遲到，導致一個約好見面的準客戶放棄了與我們公司的合作。為了彌補這個損失，我不得不暫時把兒子送到父母那裏，然後在公司加班到今天。中間我打過很多次電話給老婆，但她一直不接。」約翰越說越火大。

「也就是說，你一直都沒有去找她？」

「我想去，可是沒時間啊。」約翰聳了聳肩膀道，「在我印象中，老婆應該不是那麼小氣的人。記得有一次我因為工作忘記了老婆的生日，後來我向她道歉的時候，她連氣都沒有生。怎麼會毫無理由的罷工呢？真是奇怪！」

「平時在家，家務事都是你老婆一手包辦的嗎？」W博士想了想，問道。

「沒錯！因為我平日工作太忙，總是早出晚歸，所以家務事就由老婆負責了。」

「那你有沒有對她說過『謝謝』？」

「都是那麼多年的夫妻了，幹嘛那麼客氣呢？」

約翰不解。

　　「或許，我已經知道你老婆為什麼要罷工了。」W博士指著說明書道，「你現在可以翻翻說明書，看它的意見是不是跟我一樣。」

症　狀

　　老婆宣佈罷工，不再操持家務，不管老公和孩子。她們要求享受老公的服務，或乾脆回娘家或到朋友家小住。

症狀分析

　　任何機器都有罷工的時候，任何程式也有陷入閉環的情況。老婆當然也有要求休息的時候。

　　不過，跟睡覺、散步等休息方式不同的是，罷工屬於消極休息。是由於主體被壓抑太久而產生的主動暫時性責任放棄。就像工人們會為了提升待遇而罷工一樣，老婆的罷工也是為了尋求某種心理或物質的慰藉。

　　老婆對於家庭並非雇傭關係，因此她們尋求的，大多是心靈上的慰藉——丈夫和孩子的理解。

　　大部分時間，老公忙於工作，孩子尚未成年，家庭瑣碎的事全部集中在老婆的身上。這些事情雖然看似簡單，卻繁雜無比，需要耗費大量精力。儘管如此，為了自己的責任，老婆們還是義無反顧地承擔了下來。

　　然而承擔責任並不意味著她們就可以毫無計較地無私奉獻。就像藝術家的作品需要有人欣賞一樣，老婆們也希望自己能夠獲得家庭成員的認同。當她作好豐盛的晚餐，老公孩子能夠讚揚一句「多美味的食物！」當她把家裏打掃乾淨，也希望老公能溫柔地給她鬆鬆筋骨，說一聲謝謝。

　　可是長久的承擔家庭責任，反而讓老婆的付出成為了老公、孩子眼中的理所當然，如果某一天沒有做好晚餐或者由於工作繁忙沒來得及打掃環境，反而會被責備。於是，老婆覺得自己幾乎淪為了沒有薪水的傭人，不平衡的心態便油然而生。

　　儘管不是所有人都像約翰老婆那樣敢想敢做，但毫無疑問的是，大多數每天操持家務的老婆都會有與之類似的不平感。

解決方法

解鈴還須繫鈴人，針對根源，方能藥到病除。若要讓老婆停止罷工，你可以嘗試下面幾種方法：

★發揮當年寫情書的本領，寫一封文情並茂的感謝信，表達自己對老婆多年辛苦的感謝和慰問。你的理解和感謝，就是對老婆辛苦工作的最大支援和肯定。有了這種肯定，就算再辛苦，老婆也心甘情願。

★讓老婆好好休息幾天，這些日子由你和孩子一起操持家務。一方面體會對方的辛苦，增進夫妻之間的交流和理解，另一方面也可以讓孩子受到教育，讓他對於父母的辛勞更加珍惜。

★家庭是屬於大家的，責任當然也不例外。老婆也有自己的工作，不能因為她是女的，就把所有的家庭瑣事往她身上推。作為男人，我們在工作之餘，最好做一些力所能及的事情，例如利用晚飯後的時間洗碗，打掃廚房、倒垃圾等。我們多做一點，老婆的壓力就會小一點，也能讓她覺得老公是從心底關心自己，當然也就沒有罷工的必要了。

06　和孩子一起哄哄她吧！

● ● ● ● ● ● ● ● ● ● ●

　　「哎呀！原來是這麼回事！」看完說明書，約翰一拍腦袋，懊惱地說道。

　　原來，上週一晚上老婆因為臨時加班回來得晚了一些。等她到家後，約翰和兒子早已餓到不行。饑餓之餘，父子二人異口同聲地責備她沒有早點回來做飯。約翰老婆雖然依舊沒有表現出任何不滿的情緒，可是約翰現在才醒悟過來，原來老婆就是為了這件事而生氣。

　　「這就是你的不對了！如果換作是你，因為工作忙碌而沒來得及做飯，已經是饑腸轆轆了，回家後還要遭受老婆孩子的白眼和責備，就好像你應該放棄工作為他們做飯，你的心裏會好受嗎？」一直自責與自己沒有盡到父親責任，也沒有理解老婆想法的莫先生

說話了。

「你說的很對！我真是遲鈍！最近幾天，老婆見我居然都沒有去找她，肯定更傷心了。我今晚就要去把她接回來。」約翰看了看錶，已經晚上10點45分了，好在明天是週末老婆正常不會那麼早休息。於是在徵得W博士同意後，便提前離開了會所。

約翰走後，W博士也覺得時間不早了，於是說道：「現在還有最後一點時間，誰願意提出今天的最後一個問題？」

大廳再次小小騷動了一下，大家都希望抓住這最後的機會，提出自己的問題。W博士仔細傾聽了眾人的問題，從中選擇了一個比較具有代表性的問題——老婆覺得自己被老公和孩子孤立了怎麼辦？

提出這個問題的男子叫齊源，他算得上是一個開明的好父親，在孩子的教育問題上，一直以來都努力和女兒成為好朋友，再以朋友的身份去提出建議和想法，從不強迫。而與之相反的是，齊先生老婆的教育方式就有些像前面提到的那種傳統的壓制式教育。要求女兒必須有好的成績，必須聽話。

女兒小的時候，年幼的她並沒有覺得父母之間的

教育有什麼差別，可是隨著年齡的不斷增長，尤其是到了叛逆的青春期，由於齊先生一直都站在朋友的立場上和女兒溝通，因此她對於母親的教育方法就更加反感。我們也知道，女兒和父親天生就有一種親切感，再加上齊先生這種朋友式的教育方法很受女兒歡迎，因此父女倆的關係遠遠好過母女。

就像莫先生遇到的那種問題一樣，父女關係的緊密，讓齊先生的老婆心裏也有些許醋意。而性格倔強的她又不肯學習老公的教育方法，始終堅持自己的高壓政策。這讓女兒越來越不願意跟媽媽溝通，甚至連自己暗戀班上一個男同學的事情，都只告訴父親。

面對女兒的信任，齊先生也有些尷尬。畢竟女兒長大了，有些事情需要媽媽在身邊指導。自己作為男人，做人做事的道理可以傳授給女兒，但生活上有一些問題，就不方便了。於是他也很想讓母女之間的關係融洽一些，但家裏的兩個女人都是倔強脾氣，沒有一個肯先讓步。更糟糕的是，現在老婆不僅不肯接受齊先生的意見，反而覺得是父女二人和夥來排擠自己。

老婆的這種想法，讓齊先生哭笑不得，卻又無可奈何。

　　「兄弟，我們倆還真是有意思。出現了正好相反的問題。」聽完齊源的講述，莫先生對他笑了笑。「是啊，我剛才聽到你的問題時，就有這種感覺。現在，我特別想早點知道，應該如何讓老婆改變這種奇怪的想法。」齊源說完，迫不及待地翻到了說明書的最後一頁：

症　狀

　　老婆看到老公和孩子之間關係更加親密，覺得自己被冷落和排擠了，進而心生不平。常常表現在對丈夫、孩子的不滿上，易發怒、情緒易低落。

症狀分析

　　孩子是老婆身上的一塊肉，在她們心中，自己和孩子應該有理所當然的親密感。然而孩子更喜歡能帶給自己輕鬆自由的一方，如果父親在教育上更適應孩子的心理，那麼他們之間的關係更加親近也就不奇怪了。尤其是女兒和父親之間，更容易形成超越母女的父女關係。正如人們常說的，女兒是父親上輩子的情人，這也並非毫無道理。

　　就像父親有時會很幼稚地嫉妒老婆和孩子之間關係親密一樣，母親有時也會犯這樣的錯誤。有些較為敏感的老婆，甚至在自己做錯了某件事，受到老公、孩子同時指責的時候，會有一種不被重視、或被其他家庭成員共同排擠甚至迫害的臆想。

　　和老公的被孤立感不同的是，老婆的被孤立感往往出現於孩子已經逐漸懂事，並略顯叛逆的時候。這時候，媽媽當然不應該怨天尤人，而應從自身反省，究竟是什麼原因讓自己開始不受孩子喜歡了。當然，身為老公，我們也不可以任由這種情況不斷惡化。應當設法去消除老婆的顧慮，讓她和自己一起好好的疼愛、教育我們的下一代。

 解決方法

　　★孩子的想法是相對單純的，他們覺得好就喜歡，不好就不喜歡。他們不加掩飾的行為最容易傷害母親，同時也很容易彌補。多跟孩子溝通，告訴他們媽媽不為人知的辛苦，引導他們去理解母親，嘗試著去化解衝突矛盾。

　　★利用節日或假期，和孩子一起為母親親手做一

個生日蛋糕或禮物。告訴老婆，你們永遠愛她。

★和前面提到的方法一樣，跟老婆一起探討正確的教育方法，讓彼此在對孩子的教育觀念上達到統一，爭取同時成為孩子最喜歡的人。

★利用時間多陪陪老婆，畢竟老公才是陪伴她走過一生的至親至愛。有你陪在身邊，老婆便不會再有強烈的被排擠、不被重視的感覺了。而且，你的行為也可以給孩子起到積極的榜樣作用，讓他逐漸理解家庭的概念。

總結
老婆是拿來疼的

　　看完這段說明，時間已經指向了晚上10點55分。W博士也不知在什麼時候回到了二樓的走廊上。

　　「親愛的朋友們，」W博士對所有人說，「由於時間的關係，我們這次的聚會不得不結束了。在這短短的3個小時裏，我們僅僅解決了三十一個問題。然而我相信，老婆在生活中會經常出現的問題，遠遠不止這些。」

　　「那麼，當出現其他問題的時候，我們應該怎麼辦呢？」有人問到。

　　「問得好！這正是我現在要告訴你們的。」W博士又一次露出了他招牌式的笑容，「如果誰比較細心，就能發現，在本說明書中，溝通這兩字算是最常出現的字眼了。從最初到現在，大約出現了24次。」

　　「為什麼說明書會這麼強調溝通的作用呢？」

「因為它是解決問題，消除矛盾的基本方法！」莫先生回答道。

　　「沒錯！我們之所以和老婆之間有種種的不愉快和衝突，主要原因就是雙方沒有把自己的真實想法坦誠地表露出來。我們理所當然地覺得老婆會完全理解自己，而對她們來說，又何嘗不以為即便不說什麼，老公也會明白自己的心思想法？」W博士頓了頓，接著說道，「但事實卻是，因為我們沒有告訴對方自己的心思，所以他們並不瞭解。因為即便親密如夫妻，也不是對方肚子裏的蛔蟲。，沒有本事，也沒有辦法正確的猜測到對方的想法。」

　　「如果你希望消除誤會，讓對方明白什麼事情，最好的方法就是把話說出來。無論是你希望老婆多給自己一點零用錢，還是希望老婆能夠配合自己的性愛幻想，總得先告訴對方，才有實現的機會吧。」

　　「其實，我們也知道應該多跟老婆溝通才能解決問題。」凱文也說話了，「但問題是，溝通的方法那麼多種，談話、寫信、甚至吵架，都是溝通方式。怎樣才是最有效的方法呢？說實話，在關於家庭財物的問題上，我就跟老婆溝通過許多次，總是成效甚微。

所以，我覺得，您說的溝通，還是太抽象了。」

「年輕人，你說得沒錯！溝通，似乎是人人都會的本領。然而效果卻各有千秋。有的夫妻透過溝通解決了問題，也讓夫妻關係變得更加緊密。有的人也溝通了，可是不僅沒達到自己想要的結果，反而將溝通升級為了爭執、爭吵。」W博士搖了搖頭，「我覺得要讓溝通起到效果，重點不是方法，而是態度！」

「態度？」

「沒錯！所謂態度，就是我們男人在與老婆溝通的時候，是抱著怎樣的目的？是為了消除誤會衝突，讓老婆生活得更輕鬆，還是僅僅希望老婆能改變自己，變得如我們希望那樣？比如既不纏著自己，又體貼溫柔，還不會對我們發脾氣？」

「當然，每個人都希望自己的老婆變成這樣完美。」見大家都在低頭沉思，W博士接著說道，「不過站在老婆的立場，你這樣的要求，顯然是要她們變成自己的奴僕，而不是家庭裏的女主人。抱著這樣的潛意識進行溝通，肯定不會有結果。」

「或許，您說的的確如此。我們似乎確實在溝通中有希望老婆改變的成分。可是只有老婆改變了，問

題才能解決，不是嗎？」

「誰說的？問題都是雙方造成的，在老婆改變之前，老公們有沒有想過先作好自己應該做的呢？況且，老婆是有個性、有主見的單獨個體，並不是沒有智慧完全服從命令的機器。在我們希望老婆做到某件事情之前，當然要先尊重她的想法。她覺得應該管理財務，而且不給你足夠的零用錢，是不是因為她覺得你的理財本領實在無法恭維，又或者一旦有了錢，你就會過度闊氣？如果我們不去體諒老婆從自己身上率先改變，而一味地要求老婆如何如何，這樣的溝通怎麼有效？」

「這就是己所不欲，勿施於人吧！」

「你說得很對！女人天生敏感、細膩，她們需要我們男人更多的呵護和關心。這種呵護，並不僅僅只是物質、肉體的上的給予和滿足，她們渴望的，更多的是心靈上的溝通和理解。換句話說，就是我們要真心的去疼愛自己的老婆。就像每個月定時給愛車做保養，老婆也需要我們在日常生活裏的隨時呵護，這樣她們才能隨時工作在最佳狀態。所以，無論你遇到了怎樣的麻煩，只要記住一點，就可以迎刃而解——

「老婆是用來疼愛的！」

永續圖書
線上購物網

www.foreverbooks.com.tw

◆　加入會員即享活動及會員折扣。

◆　每月均有優惠活動，期期不同。

◆　新加入會員三天內訂購書籍不限本數金額，

　　即贈送精選書籍一本。（依網站標示為主）

專業圖書發行、書局經銷、圖書出版

永續圖書總代理：

五觀藝術出版社、培育文化、棋茵出版社、犬拓文化、讀
品文化、雅典文化、知音人文化、手藝家出版社、璞申文
化、智學堂文化、語言鳥文化

活動期內，永續圖書將保留變更或終止該活動之權利及最終決定權。

TALENT tool

大大的享受拓展視野的好選擇

永續圖書線上購物網
www.foreverbooks.com.tw

謝謝您購買 _____ 老婆使用說明書 _____ 這本書！

即日起，詳細填寫本卡各欄，對折免貼郵票寄回，我們每月將抽出一百名回函讀者寄出精美禮物，並享有生日當月購書優惠！

想知道更多更即時的消息，歡迎加入"永續圖書粉絲團"

您也可以利用以下傳真或是掃描圖檔寄回本公司信箱，謝謝。

傳真電話：（02）8647-3660　　　　　　信箱：yungjiuh@ms45.hinet.net

☺ 姓名：_____　　□男　□女　　　□單身　□已婚

☺ 生日：_____　　□非會員　　　□已是會員

☺ E-Mail：_____　　電話：（　）_____

☺ 地址：_____

☺ 學歷：□高中及以下　□專科或大學　　□研究所以上　　□其他

☺ 職業：□學生　　□資訊　　□製造　　□行銷　　□服務　　□金融

　　　　□傳播　　□公教　　□軍警　　□自由　　□家管　　□其他

☺ 您購買此書的原因：□書名　□作者　　□內容　　□封面　　□其他

☺ 您購買此書地點：_____　　　金額：_____

☺ 建議改進：□內容　　□封面　　□版面設計　　□其他

　　　您的建議：_____

廣 告 回 信
基隆郵局登記證
基隆廣字第 57 號

新北市汐止區大同路三段一九四號九樓之一

大拓文化事業有限公司收

請沿此虛線對折免貼郵票，以膠帶黏貼後寄回，謝謝！

老婆使用說明書

■ 請至鄰近各大書店洽詢選購。

■ 永續圖書網，24小時訂購服務
www.foreverbooks.com.tw
免費加入會員，享有優惠折扣

■ 郵政劃撥訂購：
服務專線：(02)8647-3663
郵政劃撥帳號：18669219

GOOD CHOICE 大大享受拓展視野的好選擇

GOOD CHOICE 大大享受拓展視野的好選擇

GOOD CHOICE 大大享受拓展視野的好選擇

GOOD CHOICE 大大享受拓展視野的好選擇